政 治 傳 播 學

祝 基 瀅 著

學歷：國立臺灣大學經濟系畢業
　　　國立政治大學新聞研究所畢業
　　　美國南伊利諾大學新聞學博士
經歷：曾任美報記者
　　　美國加利福尼亞州立大學助教授
現職：美國加利福尼亞州立大學傳播學院
　　　教授兼系主任

三 民 書 局 印 行

ⓒ 政治傳播學

著作人　祝基瀅

發行人　劉振強

產權人財
著作　三民書局股份有限公司
　　　臺北市復興北路三八六號

發行所　三民書局股份有限公司
　　　地址／臺北市復興北路三八六號
　　　郵撥／〇〇〇九九九八一五號

印刷所　三民書局股份有限公司
門市部　復北店／臺北市復興北路三八六號
　　　重南店／臺北市重慶南路一段六十一號

初版　中華民國七十二年六月
四版　中華民國八十四年二月

編號　S 89031

基本定價　叁元柒角捌分

行政院新聞局登記證局版臺業字第〇二〇〇號

著作權執照臺內著字第二三二九四號

ISBN 957-14-0641-4 (平裝)

總　序

　　一九六五年，自晨鳥衞星 (Early Bird Satellite) 發射成功後，人類已正式進入太空傳播時代 (Space Communication Age)。近年由於傳播衞星與電腦 (Computer)、傳眞 (Facsimilee)，以及電視電話 (Television-Telephone) 相結合，人類不久將可在家享受上學、辦公、開會、研究、購物、訪友、診病、與旅行等的便利。

　　傳播學者施蘭姆博士 (Dr. Wilbur Schramm) 認爲，電視與傳播衞星，均爲二十世紀最偉大的科學發明，但究竟人類是否能享受它的好處，主要決定於人類「運用」它的智慧，是否能與「發明」它的智慧並駕齊驅!

　　當前世界各國，有關新聞與傳播學的研究範圍很廣，但最迫切的課題，是如何建立本國新聞與傳播學的理論體系，並如何「運用」新聞媒介（卽傳播政策），達成提高人民文化水準，服務民主政治，保障人民自由權利，協助國家發展，與提供高尙娛樂的理想目標。

　　我國新聞（傳播）學研究，自民國七年北京大學開設新聞學，民國九年上海聖約翰大學首創報學系，迄今已有六十多年的歷史，但其效果，仍未達到成熟豐收的階段。

　　對這個問題，曾予檢討，本人認爲，我國新聞科系缺少專任師資與研究出版，是形成上述現象的主要因素。因爲沒有專任師資就沒有

研究，沒有研究就沒有出版。而研究是一切進步的動力，出版又是研究、智慧、與經驗的結晶；沒有研究出版，新聞與傳播學研究，就始終停留在草創時期。

政大新聞研究所，為補救這項缺失，首要工作，在延聘專任師資，隨後卽籌劃研究出版事宜。自民國五十六年除定期出版新聞學研究（半年刊，已出至三十一集）外，在新聞與傳播學叢書出版方面，計有曾虛白先生之「中國新聞史」等七種，均獲好評。

學術出版工作，在經費與稿件來源方面，均極困難，故自六十二年後，叢書出版卽告中輟。七十年夏，本人奉命主持新聞研究所，除積極延聘客座教授，開設新的課程，加強外語訓練，增加碩士班招生名額，碩士班分組教學，充實「新聞學研究」內容，與籌設博士班及新聞人員在職訓練外，卽恢復新聞與傳播學叢書之出版工作（博士班已奉准自七十二年六月招生）。

此次首先推出之叢書，計有李金銓博士的「大眾傳播理論」，汪琪博士的「文化與傳播」與鄭瑞城博士之「組織傳播」等。隨卽出版者，預計尚有十餘種。按本所叢書，一向由三民書局總經銷，彼此關係極為良好。該書局劉董事長振強先生，認為這套叢書，極具價值，乃建議由其發行。同時本所同仁瞭解，新聞所乃一研究教學單位，不宜擔任發行工作；尤其三民書局，為我國最成功之出版公司之一，故同仁對劉董事長之盛意，表示一致同意。

茲將這套叢書的書名與作者簡介如下：

一、中國新聞史：作者曾虛白先生。（民國五十五年四月初版，七十三年一月五版）

二、世界新聞史：作者李瞻先生。（民國五十五年五月初版，七十四年九月增訂八版）

三、新聞道德：原名「各國報業自律比較研究」，作者李瞻敎授。（
民國五十八年六月初版，七十一年十月增訂初版）

四、新聞學：原名「比較新聞學」，作者李瞻敎授。（民國六十一年
五月初版，七十二年二月五版）

五　電視制度：原名「比較電視制度」，作者李瞻敎授。（民國六十
二年一月初版，七十一年十月增訂再版）

六、大眾傳播理論：作者李金銓先生。（民國七十年三月初版，七十
三年八月修訂再再版）

七、文化與傳播：作者汪琪女士。（民國七十一年四月初版，七十三
年三月再版）

八、廣告原理與實務：作者徐佳士先生。

九、新聞寫作：作者賴光臨先生。

十、政治傳播學：作者祝基瀅先生。（民國七十二年六月初版）

十一、傳播與國家發展：作者潘家慶先生。

十二、大眾傳播與社會變遷：作者陳世敏先生。（民國七十二年七月
初版）

十三、組織傳播：作者鄭瑞城先生。（民國七十二年三月初版）

十四、傳播媒介管理學：作者鄭瑞城博士。

十五、行為科學與管理：作者徐木蘭女士。（民國七十二年三月初版）

十六、電視與觀眾：作者曠湘霞女士。（民國七十五年四月初版）

十七、傳播研究方法：作者汪琪博士。

十八、傳播語意學：作者彭家發先生。

十九、評論寫作：作者程之行敎授。（民國七十三年六月初版）

二十、新聞編輯學：作者徐昶先生。（民國七十三年十月初版）

二十一、電視新聞：作者張勤先生。（民國七十二年十一月初版）

二十二、行銷傳播學：作者羅文坤先生。

二十三、公共關係：作者王洪鈞先生。

二十四、國際傳播：作者李瞻教授。（民國七十三年四月初版，七十五年二月再版）

二十五、資訊科學：作者鍾蔚文先生。

二十六、大眾傳播新論：作者李茂政先生。（民國七十三年三月初版）

二十七、國際傳播與科技：作者彭芸博士。（民國七十五年五月初版）

　　以上書目，除已出版者外，僅係初步決定；其他如傳播政策、傳播法律、傳播制度、太空傳播、傳播自由與責任、第三世界傳播、以及傳播媒介對社會的影響等，以後將視實際需要，隨時增加。

　　這套叢書，作者對內容品質，予以嚴格控制。本人深信，讀者將會瞭解諸位作者付出的心血！他們的貢獻，不僅可提高我國新聞與傳播學研究的水準，而且對我國傳播政策的制訂與執行（卽如何「運用」傳播媒介），定有助益。在此，本人謹向作者，致最誠摯的謝意！

　　最後應特別感謝三民書局劉董事長振強先生，沒有他的欣賞與大力支持，這套學術叢書的出版，是不可能如此順利的！

李　　瞻

國立政治大學新聞研究所

中華民國七十二年五月二十一日

徐　　序

　　這是我國第一本關於政治傳播的著作。它在今天問世，至少有兩個值得重視的意義。

　　第一、現在已有一位傳播學者為一個流行用語「政治溝通」作一番基本的澄清。政治溝通與政治傳播同為英文 political communication 一詞所譯出。近年來此間新聞記者與一般評論家把不同政治團體人物之間的密談或折衝都名之為政治溝通，以表示委婉或文雅。這樣做法實為「大材小用」。對政治傳播的含義在此刻來作一次有系統的介紹，可能直接有益於這個重要觀念的澄清，並間接地有益於「政治」。

　　第二、作為一本學術著作，本書在國內緊隨着汪琪的「文化與傳播」和鄭瑞城的「組織傳播」兩書之後，拓寬了傳播學者的著述領域，對中文「讀書界」的貢獻是十分重大，並且是在國內的學術泥土上，施了一次肥。

　　特別令人感到慶幸的是：本書的著者是祝基瀅博士。他是今日少數在美傳播教育界成就非凡、聲譽卓著的中國學者之一。政治傳播與大眾傳播相同，在美國學者間仍是各立門戶，探究方向與方法甚為分歧，把它們作為一個「總體」介紹給國人，絕非易事，但是祝教授作了一番很適當的選擇、剪裁、和組合。結果是產生了一冊從四方八面探究一個複雜主題的完整著作。在美國，這樣一本融合多種理論在一個封面內的政治傳播學都還沒有出現哩。

徐　佳　士

民國七十二年六月於臺北市木柵

自　序

　　民國六十九年夏間，我在臺北參加國家建設研討會，承國立政治大學李教授士毅兄惠示他主編之政大新聞研究所新聞學叢書計劃。該計劃書目從理論到實務，林林總總，共有二十餘種。我建議加一「政治傳播學」，李教授欣然接受，並邀我撰寫。我對此題目頗有興趣，但乏研究，不敢貿然接受。在李教授誠摯鼓勵之下，不揣鄙陋，承乏此任，旨在拋磚引玉耳。

　　我於是夏由臺北返美後，立刻擬訂撰寫大綱，並着手搜集和整理資料，於七十年夏動筆，大部分稿件於七十一年夏間完成。在這段時間內，分別卅二年的雙親由中國大陸來美團聚，興奮異常。父親在本書的文字方面，也常加指點。由於系務擴張，其他寫作研究計劃又同時進行，生活緊張，休息不足，夏間在臺探親時胃部不適。全稿原擬於秋初完成，為了健康，不得不放慢步調，內子林如協助謄清部分稿件，全書終於在感恩節前夕完稿。

　　感恩節原是美國人感謝上蒼賜予的日子。他們感謝上蒼賜予沃土，風調雨順，得慶豐收。他們也感謝上蒼賜予自由、安和樂利的社會。豐衣足食，自由和平也無非是政治傳播追求的目標。

　　寫到這裏，我停筆進餐。在晚餐桌上，我們一家四口，如往常一樣，談今日所見所聞所思。我談及十一月二十二日「新聞週刊」上一篇紀念越戰陣亡戰士和有關越戰退伍軍人心理狀態之文章。十三歲的長女以禎說，她正閱讀富蘭克 (Pat Frank) 著的 Alas Babylon。這是一

本小說，描敍核戰之後的世界。我說，如果世界上發生第三次大戰，則戰後並無退伍軍人。內子同意我的看法。以禎說，如果有第三次大戰的話，此戰應稱爲 The War，而不是 World War Ⅲ。我們的談論因次女以祥（十歲）認爲過份恐怖，而改換話題。

這段談話更使我感到政治傳播知識的重要。人民對政治傳播理論、策略和技巧的認識，可以提高民主層次，加速現代化的步伐，促進世界和平。然而，政治野心家也可利用同樣的知識，遂一己的政治慾望。不論政治傳播的知識能給讀者何種啓示，我希望中外的政治人物都能本着孟子震古鑠今的民本觀念：「民爲貴、社稷次之、君爲輕」，做「順乎天而應乎人」的事業，美國威爾遜總統的政治顧問郝思（Edward M. House）也說過：「行正當之事，是最佳的政治」（The best Politics is to do the right thing.）。

我謹以此書獻給所有愛好自由、民主、和平的人士；願世界上沒有另一次大戰。

一九八二年十一月廿四日，感恩節前夕

政治傳播學　目次

第一章 緒 論

一、一門年輕的學問

政治傳播學是一門年輕的學問，它屬於社會科學研究的範圍。過去五十年來，政治學家、新聞學家、社會學家、語言學家，以及神經機械學家 (Cyberneticist) 直接間接地從各種觀點研究政治傳播之問題。但是以「政治傳播」爲題出版專書者，在美國卻是最近二十年的事，而且爲數寥寥。較爲著名者有戴逸區 (K. W. Deutsch) 著之「政府之神經：政治傳播與控制之模型」❶，柴費 (S. H. Chaffee) 編著的「政治傳播：研究的問題與策略」❷，艾略拉 (S. Arora) 和拉斯威爾 (H. D. Lasswell) 合著的「政治傳播：印度和美國政治名流所用之

---

❶ Karl Deutsch *The Nerves of Government: Models of Political Communications and Control,* New York: Free Press, 1963.

❷ Steven H. Chaffee (ed.) *Political Communications: Issues and Strategies for Research.* Beverly Hills, Calf.: Sage Publications, 1975.

公共語言」❸，和寧謀 (D. Nimmo) 著的「政治傳播與美國輿論」
❹。

目前最常見的政治傳播之研究是有關政治選舉之研究。一九四九年
和一九五四年拉薩斯裴爾 (P. S. Lazarsfeld) 和貝爾森 (B. Berel-
son) 在美國所作之選民研究❺，支配了政治傳播研究之方向達二十年
之久。在這一期間，研究的重點在於政治的訊息對選民投票之影響。這
其中當然也注意到選民之黨籍、家庭背景、教育程度、個人所得等因
素。無論如何，學者們所得到之結論幾乎是相同的，卽政治訊息對選民
之直接影響不大。由於選民之背景不同，他們對政治訊息，加以選擇。
因此在大衆傳播學中有「選擇性暴露」、「選擇性理解」和「選擇性記
憶」之理論出現。

除了政治學者和社會學者對政治傳播感到興趣外，在這一時候，新
聞學者也開始研究新聞傳播媒體對選舉之報導，例如新聞報導是否公
允，新聞報導是否受該新聞事業之政治立場的影響，以及新聞記者在選
舉期間之表現等問題。

二、系統理論

❸S. Arora and Harold D. Lasswell, *political Communications: The Public Language of Political Elites in India and the U.S.A.* New York: Holt, Rinehart & Winstion, 1969.

❹Dan Nimmo. *Politial Communication and Public Opinion in America*, Santa Monica, Calif.: Goodyear Publishing Company, 1978.

❺P. F. Lazarsfeld, B. Berelson and H. Gaudet. *The People's Choice.* New York: Columbia University Press 1948. B. Berelson, P.F. Lazersfeld and W.N. McPhee, *Voting.* Chicago: University of Chicago Press, 1954.

戴逸區所著之「政府之神經」一書之問世（一九六三年），是政治傳播研究史上一項重要的里程碑。該書是以神經機械學的理論作基礎，以系統（system）理論之觀念，來討論政治傳播的問題。正如該書的副標題：「政治傳播的模型與控制」所提示，該書提供多種模型，冀在各種政治體系中，建立控制傳播的方法。戴氏此書，引起其他學者以系統理論爲基礎，來研究政治傳播之興趣。尹士敦（D. Easton）於一九六五年完成「政治生活的系統分析」和「政治分析的結構」二書[6]，頗受系統理論研究法之影響。

尹士敦認爲，政治生活的內容包括個人與個人，個人與團體，以及團體與團體間的相互影響，其中也包括「價值的權威性之分配」[7]。根據尹士敦的看法，價值之分配有下列數種方式：剝削他人所有，阻止他人所欲獲得的，和協助他人獲得某種事物。尹氏在他著作中所指之「政治系統」，包括各級政府，以及政治系統中的次要系統(sub-systems)，如商業機構、工會、家庭、教會等等。

尹氏又把一個政治系統內的人物分爲「份子」（members）和「當局」(authorities) 兩種。所謂「份子」者，是指以某種方式參加政治活動的人物，他們並非積極份子。「份子」所參與之政治活動是有限的，他人的政治決策決定「份子」所得到的是什麼東西，什麼結果。所謂「當局」是指各級政府[8]。

[6] D. Easton *A System Analysis of Political Life*. New York: Wiley, 1965; *A Framework for Political Analysis*, Englewood Cliffs, N.J.; Prentice-Hall. 1965.

[7] D. Easton *A Framework for Politial Analysis* 1965. pp. 49-50.

[8] D. Easton. *The Political System* New York Knopf. 1953; "An Approach to the Analysis of Political Systems." *World Politics* April 1957. pp. 383-400.

尹士敦認爲，「份子」對政治系統提供兩種「輸入」（inputs），即要求和支持。政治系統通過「當局」之表現，經常產生「輸出」（outputs），如決策、政策、行動和服務等。由於尹士敦特別重視政治系統的持久性，他也因而重視政治壓力的來源。他認爲，政治壓力來自「份子」的過多要求，衝突性的要求和支持的消退。

尹士敦在「政治生活的系統分析」一書中，評述他對政治支持的看法。他認爲，支持可指「份子」對某一政治系統的一般性之支持，也可指對某一政策之支持。同時這也可指對現政府之支持，對憲法之支持，或對國家之支持。他認爲，某「份子」可能支持憲法，而不一定支持現政府；同樣地，某「份子」可能支持國家，而不一定支持現政府和憲法。再以次要的政治系統爲例，如工會，某一工會會員也可能支持工會的會章，而不一定支持工會的領袖。他說，保持政治系統內之份子，對此一系統之支持，是保持此一系統之持久性之必要條件。

尹士敦的政治傳播理論，是以「當局」的表現爲經，「份子」的支持爲緯而構成的。一個政治系統的持久性，是決定於統治者的表現，和被統治者的支持，兩者互爲因果。

三、比較研究法

在戴逸區和尹士敦發表重要著作之時，白路先（Lucian Pye），那勒（D. Lerner）和施蘭姆（W. Schramm）以比較研究法研究政治傳播的問題。白路先於一九六三年指出，政治發展與傳播事業發展過程有密切之關係。

用比較研究法研究政治傳播的學者所關心之問題，包括政治結構與傳播媒體結構之關係。具體而言，他們所研究之題目，有政府控制傳播

媒體之程度，　傳播媒體之黨派行爲，　以及傳播媒介與政治精英人物之結合等問題。除此之外，這幾位學者將傳播視爲社會發展過程的主要因素。缺乏此一因素，則社會的融合 (social integration) 無法發展。

　　此一研究法，把政治傳播之研究發展到傳播媒介研究之範圍以外。更重要的是，他們認爲，整個政治制度，不僅僅是某一個別的事件（如選舉），都受政治傳播之影響。

　　此類研究也是政治現代化研究之一部份。費根 (R. Fagen) 所著之「政治與傳播」一書❾，就是從傳播的論點，研究比較政治。費根把一切與政治有關之資訊傳遞都視爲政治傳播。至於何種傳播活動，才是政治傳播活動呢？費根的解釋非常籠統。他認爲，凡是與政治制度之功能有實際的或潛在的影響之一切傳播活動，都是政治傳播活動。不過，費根所特別關心的問題是，傳播過程與選擇政治領袖，確定政治議程，參與決策，批評政治和政治社會化之關係。換言之，費根視政治傳播行爲爲研究政治發展和政治現代化之主要因素。

四、符號與文字

　　從符號與語言文字的觀點，研究政治傳播，是政治傳播學的另一領域。拉斯威爾早在一九三五年就從符號的觀點，分析世界政治，並將政治視爲傳播的現象❿。一九四九年他在與其他學者合著的「政治語言」一書中，　特別著重於政治符號的分析。在他之後，柏克 (K. Barke) 在「動機之要義」(Grammar of Motives) 一書中，　詳細的研討政治

---

❾R. Fagen. *Politics and Communications*, Boston: Little Brown.1966.

❿H. S. Lasswell, *World Politics and Personal Sincerity*. New York: McGraw Hill, 1935.

之符號。近年來，政治學者更從哲學、心理學、人類學、社會學，甚至於美學的觀念，分析符號在政治上之運用。社會文字學（sociolinguistics）之發展，對政治語言文字之研究影響至大。費區曼（J. A. Fishman）認為，文字本身就是符號之一種。文字是一種工具，用來傳遞一般的訊息和政治訊息。他指出，在政治環境中，文字不但是內容的媒介（carrier），它本身也就是內容。費區曼強調，語言文字也代表著語言文字使用者的社會地位和他的社會價值觀念。它也是語言文字使用者對某一政治環境之忠貞或仇視之表現⓫。

謬勒（C. Mueller）在一九七五年出版之「傳播政治」（The Politics of Communications）一書中指出，團體與個人之政治地位與他們之語言文字的使用能力有密切之關係。語言文字能力强的團體與個人，往往在政治環境中表現突出，獲得領導之地位。他强調，語言文字的涵義，因政治環境的變遷而異。臺海兩岸的中國人，同用中文，但因政治環境互異，語言文字所代表之涵義不同，即是一例。

政治學者寧謀認為，欲瞭解政治傳播之內容，必先研究政治語言之性質和運用，以及其運用結果所產生之效果。他又指出，政治形象之塑造，當然也是政治語言和符號運用之結果。

五、結　論

綜觀政治傳播之研究範圍，包括從新聞學或大衆傳播學的觀點出發，研究傳播對政治選舉之影響；從系統學觀點出發，研究政治訊息之傳播與政治制度持久性之關連；從此較政治學的觀點出發，研究政治傳

⓫J. A. Fishman. *Sociolinguistics: A Brief Introduction*, Rowley, Mass. : Newbury House. 1970.

播與政治現代化之關係；又從符號與文字運用之觀點出發，研究政治環境對符號、語言文字之相互影響。

　　如前所述，政治傳播學是一門年輕的學問，它的研究範圍固廣，但其理論尚未定型。不過近年來，此一學問之研究，業已引起廣泛之興趣，相信不久將有更進一步的發展，和更廣大的開拓。

第二章　語言、符號與政治

一、政治就是談論

　　政治傳播學家寧謀 (Dan Nimmo) 說：「政治就是談論」 (Politics is talk)。不論在朝在野，談論是政治活動的重要一環。我們從談論中認識一個政治人物，也從政治人物的言論中，認識一個政治人物。我們從談論中認識一個政治團體，也從政治團體發表談論中，認識這個政治團體。大衆傳播媒體無時不在注視政治人物和政治團體的談論和活動。一個顯要的政治人物所說的每一句話都是新聞，有時不說話也是新聞。美國第三十任總統柯立芝 (Calvin Coolidge) 是一位謹言愼行的總統，他以不說話著稱，新聞界稱之爲「沉默的柯立芝」 (Silent Coolidge)。在某次宴會中，一位華府的貴婦人坐在柯立芝身旁。她說：「總統，我已經跟人打了賭，我至少可使您說三個字。」柯立芝回答：「你輸！」兩字。就如這樣的小揷曲，新聞界也爭先報導，傳爲美談。

　　所謂「政治談論」，也可說是政治傳播。其傳播的工具，不僅包括文字語言，也包括非文字語言的符號，如照片、圖片、說話的姿態，面部表情等無聲的語言。此外，事物本身也有說服他人的力量，所謂事實勝於雄辯；金錢更有莫大的說服力——此即西洋人所謂的「金錢說服」 (Money talk) 。

　　貝爾 (David V. J. Bell) 認爲至少有三種方式的談論，具有政治意義。❹

　　㈠權力談論 (Power talk)：這是使用威脅或承允來支配他人的行爲。例如，「假如不在三小時內接受最後通牒，我方將炸毀一切軍事設施」。權力談論當然應以力量爲後盾。

　　㈡影響談論 (Influence talk)：這是以聲望和名譽來影響他人的行爲。例如，「假如你用功讀書，你就能考上大學。」至於對方是否能考上大學，固係說話者所能影響，但非說話者所能支配。

　　㈢權威談論 (Authority talk)：這是以命令的語氣，支配他人的行爲。例如，「軍事重地，禁止攝影」。

　　通過交談，政治人物或團體達成協議，或同意有異議之存在（agree to disagree）。

　　在政治交談中，瞭解對方是成功的基本因素。政壇如戰場，知己知彼，百戰百勝，切忌一意孤行。在一九七九年十一月到一九八一年一月間伊朗人質危機時，伊朗的柯梅尼一意孤行，以爲用美國的外交官作人質，即可取回巴勒維國王在美國之財產。殊不知美國總統無此權力。在拘留美國人質四百四十四天之後，終於釋放人質，仍無法取回巴勒維國王在美國之財產。在人質危機期間，伊朗尚遭敍利亞之侵略，柯梅尼政

---

❹David V. J. Bell, *Power, Influence and Authority*. New York. Oxford University Press. 1975. pp. 15-69.

權也自絕於國際社會。

同樣的理由，美國因不瞭解伊朗的文化，和柯梅尼的性格，才會在毫無準備的情勢之下，　被伊朗急進份子佔領了大使館，　俘虜了外交人員，嚴重地損害了美國的國際地位。這一事件顯示，美國和伊朗之政治交談，無法從衝突中獲得協議，也無法從衝突中同意有異議之存在。

人類創造字彙，　政治人物尤喜予創造新字彙。　沙妓奈德（E. E. Schattschneider)說，許多今日常用之政治字彙都是十九世紀以後的新名詞。在十九世紀中葉以後，才有「平衡預算」、「集體安全」、「壓力團體」、「選民登記」等字彙的出現。美國每一任總統多喜創用新的政治字彙，如羅斯福的「新政」、甘迺迪的「新境界」、和詹森的「大社會」等。近三十年來，中國政治上新名詞層出不窮，如「政治掛帥」、「造反有理」、「革命無罪」。近年來更有「回歸」、「認同」、「三通」、「四流」、「和平統一中國」、「三民主義統一中國」、「政治學臺北」等。這些名詞是政治談論的產物，也顯示政治活動的背景和特色。

二、政治語言的性質

爲了進一步瞭解政治與談論間之關係，我們必須先探討政治語言的性質，其次研究語言之功用。

政治語言是一種符號的活動。因此，政治語彙包羅萬象，它所表達之方式不僅僅包括語言文字，如前所述，繪畫、照片、影片、姿態、面部表情、以及說話的音調等都是政治語言表達之方式。

政治語言既是一種符號的活動，政治傳播也是符號之活動。傳播的三個基本因素係：㈠符號；㈡符號所代表之事物；㈢解釋。茲將三者關

係用圖表示於下 ❷：

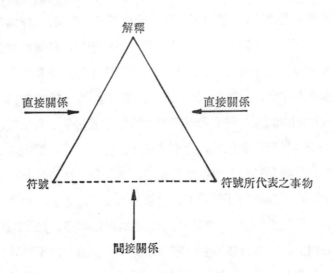

上圖所表示之「符號」、「符號所代表之事物」以及「解釋」之三
角關係，顯示傳播之性質。「解釋」與「符號」、「解釋」與「符號所
代表之事物」間發生直接之關係。但「符號」與「符號所代表之事物」
間並無直接之關係，它們是通過「解釋」而發生間接之關係。例如，
一塊布上有紅白相間的條子，左上角有五十顆小星。通過人的思想，
這塊「星條」的符號被解釋爲象徵美國主權的國旗。美國國旗與符號之
間的關係是通過解釋而成立的。符號並不直接代表事物；如非經過人類
思想的活動——「解釋」——「星條」並非美國國旗，它不過是一塊布
而已。從另一方面看，美國的國旗有其功用和意義，它觸發人的思想活
動，使人對那塊「星條」的符號，作種種之解釋。換言之，符號所代表

❷C. K. Ogden And I. A. Richards. *The Meaning of Meaning*. New
York: Harcourt, Brace and World, Inc, 1923. p.11.

之事物，使人對那個簡單之符號，作多種不同的解釋。符號只是一個名詞，非經解釋，它是無意義的，也無任何功用。

政治傳播既是符號之活動，政治語言之意義就不能脫離使用者的思想而獨立。使用政治語言的人，給予政治語言特殊之意義。「自由」、「民主」、「正義」是政治人物和團體常用的字彙，但其意義因人因地因時而異。因此，蘇俄入侵阿富汗是爲了爭取阿富汗的「自由」；共產黨的「專政」，是爲了「人民民主」；納粹黨屠殺猶太人是爲了「伸張正義」。

有效的、成功的政治傳播應建立在雙方對符號之意義有共同認識之基礎上。換言之，傳播雙方應對重要之政治符號作同樣的解釋。這就是米特（George Herleert Meade）所謂的「有意義的符號」（significant symbol），這種符號是由於政治傳播者雙方不斷的從事政治交談後產生共同認識之結果。「有意義符號」之存在，可以促進政治社會之和諧，使政治社會中之分子可以從事進一步的交談，協調意見。

玆再以貝爾前述的分類法，申述「有意義的符號」。

㈠權力談論：每年一度在莫斯科紅場舉行之五一國際勞動節閱兵大典，是一種政治符號。蘇俄藉此炫耀武力。主持閱兵者，參與閱兵者，以及觀看閱兵者都有共同之認識。閱兵之意義在於炫耀武力。在於展示軍事科學之發展，在於提高士氣，使閱兵成爲「有意義之符號」。

㈡影響談論：政黨、黨綱、政治口號、演說等都是影響傳播的「有意義之符號」。符號使用者冀以其地位和聲望發表「有意義之符號」，影響他人。在民國七十年的臺灣兩項地方公職選舉中，執政黨以「公正、公平、公開」，黨外人士以「黨外、制衡、進步」的政治符號，影響選民的決定，是爲一例。

㈢**權威談論**: 憲法、法律、條約等政治符號象徵着政治談論者所共同瞭解和尊重的權威。再以民國七十年的臺灣省地方選舉為例，政黨、候選人和選民一般而言都能遵守選舉法，這表示參與者瞭解並尊重「有意義的符號」，參與者的守法行為也建立了這個「有意義的符號」——選舉法——的權威性。

三、政治語言的功用

羅賓森（W. P. Robinson）認為語言的社會功用至少有十三種，顯然地，這些功用也可應用於政治上。茲分述於后：❸

㈠**避免不愉快的行動（Avoidance of worse activities）**: 人類利用語言來避免不愉快的狀況。「顧左右而言他」，即是一例。在「顧左右而言他」時，此人使用無聲的語言——「顧左右」，也用了有聲的語言——「言他」，避免困窘的場面。政治人物在記者會中常答非所問，目的在避免答覆難題。周恩來生前對紐約時報的編輯沙利斯寶（Salisburg）說，季辛吉（Henry Kissinger）可以侃侃而談三十分鐘，內容似與主題有關，其實不切主題，這是以談話來避免衝突的外交技巧。

㈡**接受社會規範（Conformity to norms）**: 我們通過語言與文字表示接受或排斥社會的規範。在政治上，人民以語言文字表示接受或排斥政令和法律即是一例。

㈢**美感（Aesthetics）**: 人類利用文學、詩詞、戲劇、繪畫、修辭來表達美感。美國政治人物中如林肯、羅斯福、麥帥以及史蒂文

---

❸W. P. Robinson, *Language and Social Behavior*. Baltimore: Penguin Books, 1972. pp. 50-51.

生等就以發表優美的政治辭令而聞名。

㈣寒喧規範：語言可用來問候、告別、寒喧之用。在政治上正式的問候寒喧有沖淡緊張氣氛之作用。埃及總統沙達特於一九八一年十月被刺殺之後，美國派遣一包括三位前任總統的代表團前往弔唁。當尼克森、福特和卡特坐上美國空軍一號總統座機之後，氣氛極不和諧。尼克森以水門事件被迫辭職。卡特在一九七六年競選總統時，一再以水門事件攻擊尼克森和赦免尼克森的當時總統福特。卡特在任期間，儘量避免在公開談話中提到尼克森之名。福特於一九七六年被卡特擊敗後，一直耿耿於懷。一九八〇年，福特為雷根助選，卡特與福特之間常有惡言。此次三個寃家為了國家利益，擠在一架專機上作長途旅行，非談不可。這三位過氣的政治人物在一陣正式的寒喧之後，氣氛慢慢的轉變，卡特先與尼克森交談，話題集中在對華政策上；繼與福特交談，則以兩人與沙達特的交往經驗為中心。可見寒喧雖為形式，實具有沖淡緊張不愉快氣氛之作用。

㈤允諾與保證：　政治人物作某種權益之允諾，　或某種程度之支持時，使用此類語言。

㈥節制自我：幾乎每個人都出聲的或不出聲的對自己說話。這是心理上的需要，也是社會上的需要。許多人自言自語，以宣洩心中的憂鬱，又有人在發表談話前，先在心裏盤算，此話該如何說，如何應付對方可能的反應。這都是節制自我，以適應社會的環境。尼克森在水門事件期間，在公開發表談話前，有時自言自語，有時以幕僚為實習之對象，先將預擬的公開談話之內容說出，然後發表正式的談話。這種行為是自覺的，也是不自覺的。被作為實習的對象，通常不知自己被作為試驗品。

(五)節制他人: 前述的權力、影響和權威的談論，都是節制他人的傳播。

(六)感嘆的作用: 如「哦，多可怕啊！」是表達情感的辭彙。政治人物在公開或私人談話中，免不了用此類辭彙，以表達情感。國人所謂「三字經」，即是一例。中共「十惡大審」時，江青在法庭上常用驚嘆之語，充分表現其性格。水門事件時，白宮發表之錄音文字節錄，其中若干部分是尼克森在氣急敗壞之際用的不堪入耳的驚嘆語。為了保持美國總統之尊嚴，白宮在文字中刪除此類用語。此節略之部分稱之為感嘆詞刪除 (expletive deleted) 的部分。

(九)社會屬性之表達: 政治人物的用語，常表示其出身，包括家庭背景、教育程度、職業以及地理環境。美國總統杜魯門用語粗俗，顯示他的故鄉密蘇里州之農村背景。杜魯門的談吐與他的前任 (羅斯福總統) 成一強烈之對比。羅斯福出身東部的望族，談吐儒雅。甘迺迪的新英格蘭發音、卡特的南方口音，國父孫中山先生的廣東官話，和總統蔣公的奉化國語，鄉音不改，表示政治人物的社會屬性。

(十)任務關係的顯示 (Marking of role relationships): 語言和文字的表達，顯示個人政治地位的高低。從屬關係所使用之語文，有別於平等關係中所用之語文。

(十一)非語文領域的參照 (Reference to non-linguistic world): 羅賓森所指的此類功用為語言文字在思想和析理方面所起之作用。顯然，此一功用在政治上甚為重要。

(十二)教育: 語言文字是教育的最重要工具。這一重要性，當然也應用到政治教育上。

(宙詢問:　語言文字是尋求問題答案的重要工具。這工具用於記者會
中，議會的質詢中，法庭的作證中。在一九七四年美參院的水門
事件聽證會中，共和黨參議員貝克（Howard Baker）擔任共同
主席（Co-Chairman）。他因不斷的發出同一問題:「此事總統
所知者爲何？何時獲知此事？」（What did the President
know? and when did he know it?）而聞名全國。

　　以上我們討論了語言文字的政治性質和功用。此外，非言辭的語言
（Non verbal language）在政治傳播上，亦佔極其重要之地位。心理
學家莫拉比安（Albert Mehrabian）曾對語言的影響力，設計一項公
式:　❹

　　語言全體影響力＝〇‧〇七言辭＋〇‧三八聲調＋〇‧五五面部表情

　　當然，此一公式不適用於純文字的影響力。此項公式顯示吾人在說
話中，言辭的影響力遠較非言辭的影響力爲小。有時言辭的意義，與非
言辭——如面部表情、聲調——相反。在此情況下，言辭的效果微不足
道，傳播者和受播者所重視者爲非言辭的符號。在他種情況下，非言辭
的符號加强了言辭符號的意義，兩者有相輔相成之作用。

　　西方的政治人物特別重視非言辭符號的運用。邱吉爾“V”字形的手
勢，麥帥的變形軍帽和不離嘴的煙斗，艾森豪的咧嘴大笑和在適當時刻
的停頓不語，都是較著名的例子。

　　非言辭符號的運用需要高度的技巧。同是停頓不語，有的人顯示出
深思遠慮的性格，其他的人不免給人缺乏信心的印象。同是沉默寡言，
有的人顯出誠懇性格和關懷的心情，其他的人不免給人漠不關心和冷峻
的印象。

---

❹Albert Mehrabian, "Communication Without Words." in Jean M.
Civikly. (ed.) *Messages*. New York: Random House, 1974. p.299.

　　無法控制非言辭符號的政治人物，往往面臨預料不到的批評。一九
七二年，有心問鼎白宮的穆士基參議員 (Sen. Edmund Muskie) 在
抨擊新聞界報導其夫人的言行時，不禁情緒激動，在電視攝影機前，淚
如雨下，給人一種不能控制情緒的弱點，結果初選節節失利。同年，一度
成為民主黨副總統候選人的尹高登參議員 (Sen•Thomas Eagleton)，
在接受記者訪問時，汗如雨下，被人解釋為過份緊張，難以勝任副總統
重任。

四、政治語言傳播的七項因素

　　語言專家海蒙斯 (Dell Hymes) 列舉七項因素，作為研究政治語
言傳播的參考。❺

　　㈠場合 (Setting)：傳播可能是正式的，非正式的，也可能是嚴
　　肅的，輕鬆的。但是傳播所發生之場合，對傳播內容具有特殊之
　　意義。麥帥於一九四二年三月十七日被日軍擊敗於菲律賓羣島，
　　當時距珍珠港事件僅四個月，　美軍在太平洋戰場節節失利。　當
　　日麥帥乘 C47 軍機離開柯里磯多島 （Corregidor），飛往澳
　　洲。旅途中，記者請麥帥發表談話，麥帥說：「我必將回來！」
　　(I shall return!)。此語之所以堅定有力，且表現濃厚的傷感，
　　和高度的責任感，與當時美軍壯烈的犧牲，統帥被迫離開戰場的
　　場合，有絕對的關係。這與在另一場合，丈夫於早晨離家去上班
　　時，和愛妻說一句：I shall return! 其意義迥然不同。

---

❺ Dell Heymes, "Models of the Interaction of Language and Social
Life." in John J. Gumperz and Dell Hymas (eds), *Directions in
Sociolinguistics*. New York: Holt, Rihehart and Winston 1972. pp.
35–63.

㈡**參與者（Participants）**：在政治傳播中，每一個參與者的出現或不出現，都給某一事件帶來特殊的意義。試想，假如在沙達特被刺殺後，以埃兩國談判巴勒斯坦自治問題，在談判中出現巴勒斯坦游擊隊領袖阿拉法特，這意味着何等重大的政治意義！再假定，美國、以色列、巴游三方面商討中東和平問題，而無埃及新任總統莫巴拉克參與，這又意味着何等重大的中東局勢的轉變。

㈢**終極目標（Ends）**：政治傳播有其終極的目標。蘇俄塔斯社在海外的活動是蘇俄情報活動的一部分。塔斯特的主要活動目標之一是分化親美的國家，打擊美國的領導地位。蘇俄的情報局（KGB）常以假情報供給外國記者，由第三國記者刊登後，塔斯社予以利用，廣爲宣傳。一九八一年八月塔斯社引用拉丁美洲報紙的不實消息，報導巴拿馬強人托里福（Oncar Torrijos）之死是美國中央情報局幕後設計的。

㈣**行動之順序（Act sequence）**：每一政治行動有其一定的順序。按照預先設計的順序，以求預定之效果。順序之破壞或中斷，必能減低其行動之效果。中共「十惡大審」時，江青在庭上破口大罵，目的在中斷中共審判員預定之行動順序。一九六八年芝加哥法庭審判民主黨大會事件的暴亂份子時，被告之一（Bobby Seale）不斷在庭上吵鬧，企圖破壞法庭秩序，法官哈夫曼（Judge Hoffman）不得已下令將布塞在該被告口中。

㈤**聲調（Key）**：這是非語言之符號。它的含義不僅僅包括說話之聲調，並包括風度、表情等。如前所述，它在政治傳播中的效果，往往較語言傳播爲大。

㈥**工具（Instrumentalities）**：這是各行業所用之術語。俗語說，隔行如隔山，例如一位政治學教授，對一個完全不懂得政治學名

詞的聽衆，大談政治學，其講詞中充滿政治學術語，這些用語，對外行人而言，毫無意義，其效果可想而知。

㈦規範 (**Norms**)：政治傳播中有許多不成文的規範，運用之妙，存乎一心，有人喜用表情，有人喜用眼淚來感動人。周恩來早年善於演話劇，在記者會中臺風頗健，談到激動時，聲淚俱下，迷惑不少西方記者。美國總統詹森喜於利用空間的距離。在進行說服時，往往移動身體，縮短與談話者間之空間距離，甚至於用手接觸對方，給人親切感，也施予有形的壓力，以遂其目的。

㈧風格 (**Genres**)：政治傳播者在衣著上，以及生活習慣方式上，建立某種風格，爭取好感。卡特、雷根兩總統常穿牛仔褲，以示平民化。美國政治人物在競選期間，往往以上教堂做禮拜列爲宣傳策略之一，以示其爲虔誠之基督教徒。愛德華·甘迺迪在一九八○年競選黨內提名時，與子姪輩玩美式足球，以示其爲典型的美國男人 (an all American boy)。

五、政治語意學

心理學家肯特里 (Hadley Cantril) 以描述三位棒球裁判判球之哲學，來分析政治語意學之涵義。❻

甲裁判說：「有的是好球，有的是壞球，我依球之好壞而判。」

乙裁判說：「有的是好球，有的是壞球，我依我之所見而判。」

丙裁判說：「有的是好球，有的是壞球，在我判定之前，它們旣非好球，亦非壞球。」

❻ Hadley Cantril, "Perception and Interpersonal Relations", *American Journal of Psychiatry,* **114** (1957): 126.

　　語意學是研究人對事物所加諸意義的學問，並非研究人對事物尋求統一意義的學問。對甲裁判而言，他只是記錄球之好壞。乙裁判深信，球有好壞，但他也承認，球之好壞與裁判員之觀察力有關。對丙裁判而言，球並無好壞，它們一律是從投手手中飛出的運動體。球之所以成為好球或壞球，完全是裁判個人的解釋。丙裁判將好壞球之判定，視為創作性的行為（creative act）。在這種創造性之行為發生之前，球之本身並無意義。

　　這個分析幫助我們瞭解政治語意學的涵義。我們每個人都是政治球場上的裁判。我們往往視候選人之政見為激進或保守。至於候選人之政見是否真正的激進或保守呢？我們可用甲裁判的邏輯來分析，政見本身有激進與保守之分，我們不過記錄其性質而已。

　　但是，昨日之激進政見，可能是今日之保守政見；一人視為激進之政見，可能是另一人的保守政見。在一個制度下視之為激進之政見，可能是另一個制度下保守的政見。反之亦然，因此，政見之性質，因人因時因地而異。如乙裁判所言，政見可分為激進與保守兩種，不過政見之所以成為激進或保守，與人之觀察力有關，也與時間空間因素有關。

　　從語意學觀點分析，也就是從丙裁判之觀點分析，在選民判斷某種政見為激進或保守之前，政見並無激進或保守之分。換言之，政見之性質是選民給予的。在選民給予某種性質之前，政見本身並無激進或保守之性質。進而言之，選民所給予之性質，並不一定真正代表候選人政見之性質，也不一定代表候選人之立場。「激進」和「保守」不過是選民所從事之政治符號的遊戲而已。

　　政治傳播必然地牽涉到語意之差異。前文說過，政治人物喜用自由、民主、正義等美麗名詞，但各有不同的涵義。按照政治語意學的說法，在政治人物給它們一定之意義之前，自由、民主與正義並無意義。

正如丙裁判所稱，在他裁判之前，球旣非好球，亦非壞球，球之本身並無意義。

但是欲使自由、民主、正義等名詞發生效力，此等名詞的意義，必須爲一般人所接受。政治人物不但給予各種名詞一定之意義，並宣傳其意義，冀能廣爲接受。一九六〇年代美國黑人急進派的領袖卡麥可 (Stokely Carmichael) 曾說：「我相信，誰能發明名詞，誰能給舊名詞新定義，誰就是政治領袖。」

自古以來獨裁者善於玩弄語言符號之遊戲，蠱惑人心，且不容他人玩弄語言符號之遊戲。在民主社會中，語言符號之遊戲有其一定法則。第一，人人有平等之權利作語言符號之遊戲。換言之，在不危害國家安全之原則下，人民有言論之自由。第二，任何語言符號之意義，可以公開的辯論和修改。總之，政治語言符號之遊戲，應以提昇政治民主層次，和促進社會進步爲目標，不應是逐一己政治慾望的手段。

六、政治語言傳播的三大目的

政治語言符號的應用至少有三大目的：一爲物質的獲得；二爲政治地位的昇高；三爲個人參與。玆分述於后：

㈠物質的獲得：艾德曼 (Murray Edelsman) 在「政治的符號運用」(The Symbolic Use of Politics) 一書中說：「人類是唯一能從符號的提煉、選擇、簡化、歪曲、變換以及創新中重組過去的史實，認識現在的狀況，和展望未來的發展之生物。」㉗符號使人類生活富於意義，它使個人的行爲與外在世界相結合。同

㉗Murray Edelsman, *Politics as Symbolic Actions*, Chicago: Markham Publishing Co, 1971. p.2.

樣的，政治的符號使政治的生活富於意義。政治語言符號是一項獲取實質利益的有效工具。

政治領袖常利用語言符號向人民保證，當前的政治問題業已獲得解決， 雖然實質上毫無成就， 或成就微不足道， 希特勒運用仇視和權力的政治符號，向德意志人民保證，德國之政治和經濟狀況，在納粹領導之下，已大爲改善。只要能消滅猶太人，征服歐洲，德國經濟危機可得永遠的解決。毛澤東運用「大躍進」的政治符號，大搞土風爐，冀於一夜之間，使中國躋身於世界先進國之林。羅斯福用「新政」的政治符號，甘迺迪用「新境界」的政治符號，詹森用「大社會」的政治符號，向人民保證，按照他們的計劃，政治、經濟和社會的狀況可以逐步改善，並勾畫出美麗的遠景。

政治人物和政治團體用彭特萊 (Arthur Bentley) 所謂的「語言的思想結構」 (language tought structure) 爭取政治利益，其方式有婉轉語、誇張和暗喻三種。❽

先談婉轉語 (euphemism) 的例子。我國報紙過去在報導戰爭新聞時，將國軍的撤退，稱之爲「轉進」。美軍在越戰期間，將大舉轟炸北越，稱之爲「保儒性的行動」(protective action)；將火燒越南村莊，以防止越共隱藏之行爲，稱之爲「綏靖」(pacification)。福特政府因人民批評「和解」(detente) 政策，將緩和美蘇緊張局勢的政策， 改稱爲「以實力求和平」 (peace through strength) 的政策。美國將失業稱之爲「無優惠的休閒」 (non-preferential leisure)。中共技高一籌，「失業人

---

❽Arthur Bentley, *Relativity in Man and Society.* New York: G.P. Putnam's Sons, 1926, pp.196~197.

口」是「待業人口」。在美國，囚犯是「社會重建中心的顧客」
(a client of a social rehabilitation center)。在中國大
陸，他們是「勞改份子」或「勞教份子」。在美國，爲貪污嫌犯
辯護的律師稱賄賂爲「未經請求的捐款」（unsolicited con-
tribution）。尼克森的新聞秘書齊格勒（Ron Ziegler）稱不實
的聲明爲「無效的聲明」（inoperative statement）。在能源
危機時，美國政府擬實行汽油配給制度，爲了避免使人覺得此一
危機的嚴重性，美國政府以「選擇性的分配」（selective dis-
tribution）一詞代替「配給」。

另一種以政治語言符號獲取利益的方式是誇張（puffery）。我
們在商業廣告上看到誇大其詞的宣傳，也在政治文件上看到誇大
其詞的宣傳。商業廣告誇張的宣傳，俯首可拾。例如：「臥式健
美車，保證還你苗條身」。「臥式健美車，帶給您健美驕健之
軀，使您煥然一新」！又如，「今天立多，闔家進補，享受健康
溫暖的多天，請喝保力達Ｂ。」再如，某種健康減肥帶的廣告，
聲稱它是「世界上唯一最具減肥特效的工具，保證七天內使您體
態輕盈，身體苗條」。

至於政治宣傳的詞令，其誇張的程度也往往與商業廣告相伯仲。
請看下列一段用於美國國慶日的演說詞：「我們的社會是人類有
史以來最進步、最具有生產力、最富有和最強大的社會。我們有
幸生於斯，長於斯」。

第三種以政治語言符號獲取利益的方式是暗喻（metaphor）。
暗喻是以淺顯的事例，說明複雜的意思，如「一箭雙鵰」、「如
魚得水」、「生活在水深火熱之中」，和「參商不相見」等。在
越戰末期，季辛吉國務卿和北越代表黎德壽在巴黎談判。在談判

將告結束前，季辛吉宣布：「我們已看到隧道末端的光線。」
(There is light at the end of the tunnel) 其實，這隧道
末端的光線永無出現。巴黎談判帶給越南人民永無休止的黑暗。
婉轉語、誇張和暗喻不僅僅是政治人物向羣衆宣傳的方式，也是
政治圈內常用的政治符號。在一九七四年發表的尼克森和幕僚間
有關水門事件錄音談話中，就有不少的暗喻。例如，尼克森的法
律顧問丁恩 (John Dean) 說：「水門事件是在總統周圍成長的
癌。」此外，政治人物也利用政治語言符號激發羣衆的情緒、動
員羣衆，以爭取政治的利益。在一九七二年和一九七三年間，美
國面臨能源缺乏，美國政府呼籲人民節省能源，效果甚微。當美
國政府將「能源缺乏」，改爲「能源危機」，羣衆反應激烈，立
卽在夏間提高冷氣的溫度，在冬天降低暖氣的溫度，在公路上行
車速率降爲每小時五十五英里，並參加汽車聯駛 (Car Pool)。
華府和臺北斷交之後，中華民國政府和民間發動自強運動，强身
强國，努力增産，慷慨捐獻，犧牲自我，壯大國家。這也是另一
個以政治語言符號激發羣衆，動員羣衆的例子。校園名歌如「龍
的傳人」雖非自強運動之產物，但在自強運動中，發揮了無比的
力量。筆者於一九八一年九月，於中華民國青年訪問團在加州州
立大學溪口校區，高唱「龍的傳人」時看到中華民國留學生、學
人和他們的眷屬，熱淚盈眶，愛國的情緒達到高潮。這情景不禁
使想起政治傳播學者寧謀的一句話：「吾人不僅靠麵包而生存，
也靠理想而生存。」

㈠政治地位的提昇．一四九二年艾維拉主教 (The Bishop of
Avila) 呈獻給西班牙女王伊莎伯拉一世 (Queen Isabella I)
第一本現代歐洲語文的文法書，女王問：「此書之用途爲何？」

主教答曰：「女王陛下，語文是統治帝國的最佳工具」。

政府用政治語言符號統治帝國提高權威性，決定何種行為是合法的或非法的；何種行為應受褒揚，何種行為應受制裁。人民也用政治語言符號，爭取政府認可他們的行為，提高他們的政治地位，甚至獲得某種程度的權威性。因此，政治語言符號之運用是雙向交流，政府用此工具提高其權威性，合法性，使人民接受其權威性和合法性；另一方面，人民用此工具表示接受（或排斥）政府的權威性和合法性，其目的在於提高本身之政治地位。

為了達到提高政治地位之目的，政治團體和個人也用「貼牌」（labeling）或「戴帽子」和「關聯」（association）的技巧來提高自己的政治地位，或影響他人的政治地位。先談「貼牌」或「戴帽子」，這與暗喻稍有不同。暗喻通常是非攻擊性的，「貼牌」或「戴帽子」往往是攻擊性的。納粹人稱猶太人為「寄生蟲」，這與文化大革命時「四人幫」稱反對派人物為「牛鬼蛇神」，有異曲同工之妙。

「關聯」是將人、事、物、思想等與正面或反面意義之字相連結，以提高或貶低其政治地位。例如，美國白人稱黑人為「黑鬼」（但是黑人為了提高黑色之形象，發起『黑色是美麗的』（Black is beautiful.）的運動）。中共稱政治上不受歡迎之人物為「黑五類」，稱知識份子為「臭老九」。我們給予稱職的護士以「白衣天使」的美名。美國稱不老實的老頭子為「臭老頭」（dirty old man）。

(三)個人參與：有時政治語言和符號的本身就是政治目的，而不是手段。具有某種政治地位的人，才有權使用某種政治語言和符號。我們說，中國人都是「炎黃子孫」，用時髦的用語，中國人都是

「龍的傳人」。　僅僅這兩句話就表示了政治地位，　並有政治參
與，和滿足政治慾望的作用。古時科舉出身的知縣自豪：「本縣
乃兩榜出身！」以別於捐官得來的知縣。「兩榜出身」有確定政
治地位之作用。　同樣地，　當法王路易十四說：「朕卽國家」
(L'etat, c'est moi; I am the state.)時，一方面在滿足其政
治慾望，另一方面在確定其專制的地位。

七、結　論

　　政治是語言符號的活動。這類活動，不論是言辭的，非言辭的，文
字的，非文字的，不論是諸葛亮的出師表，或是侯德建的龍的傳人，都
影響社會成員的政治生活。語言符號是表示思想的方式，也是贏取政治
利益，提高政治地位和確定政治地位的工具。

　　政治語言符號的使用，是一種遊戲。在民主社會中，人民有參與此
一遊戲之平等權利，在一定之規則內彼此作遊戲之競爭，否則政治語言
符號的遊戲，成為獨裁者的專利，為害無窮。

第三章　政治說服：宣傳、廣告與辯辯

一、導　論

一部人類的歷史就是一部說服（persuasion）活動史。舊約全書的創世紀記載，造物者創造的第一位女人因不敵魔鬼的說服，吃了禁果，並說服她的男人也吃下禁果，於是發現彼此原是赤裸着身體，忙着以樹葉蔽身，因此開始了男女生活，生男育女。

歷史上更不乏說服的理論與實際的名著，如柏拉圖「對話錄」、亞里斯多德「辯辯學」、孫子「兵法」、西塞羅「演說學」、馬克思「資本論」、國父孫中山先生「三民主義」、和希特勒「我的奮鬪」等書，都具有强大的說服力。

說服之目的何在？說服旨在「以語言文字改變人的態度與行為」，和「引發新的意見」。說服具有以下幾種特性：

第一、說服往往包含着一種意圖。傳播者企圖通過傳播而達到某種目的。換言之，說服是有目的之傳播。都布（Leonard Doob）說，說

服可分爲無意圖的與有意圖的傳播。他擧一簡單的例子說明其區別。廣告商推銷某種產品，是爲有意圖之說服。主婦自發的在友人面前稱讚某種產品，是爲無意圖之說服。因此，傳播者之自覺意圖是說服的特性之一。但是，卽使傳播者無此意圖，說服行爲仍然存在。這要看受播者是否認爲傳播者有此意圖，而非傳播者本身有無說服之意圖。假如受播人認爲傳播者有此意圖，並對傳播之訊息有所反應時，說服之行爲卽告產生。

第二、前述的特性也導致了說服的第二特性，此卽相互影響。說服絕不是單方面的行爲。甲對乙說服，乙承受此一說服，此種觀念不能解釋說服之過程。實際上，在說服之過程中，甲乙相互影響。固然說服之要求（appeal）可能是單向的，也可能是雙向的，但是說服的效果往往是雙向的。美國總統向全國人民作電視廣播，要求人民節省能源，此之謂單向的要求。美國總統與國會領袖交談，冀能達成協議，產生一項能爲白宮及國會山莊共同接受之能源法案，此之謂雙向的要求。不論何種形式的說服，傳播者與受播者雙方交換傳播的符號，在發表要求和接受要求的過程中，雙方都是參與者，共同塑造雙方的形象。

第三、說服的另一特性是反應的方式。人在接受了說服之訊息之後，其反應之方式包括對信念之改變，對期望之改變，對價值觀念之改變，對某事件評價之改變等。例如，一個人在電視上看了一則抗癌協會之廣告，相信吸烟導致肺癌，或在電視上看到相反的訊息，相信吸烟與肺癌無關。這都是說服反應之方式。

說服顯然是一種政治傳播。人會自覺地不覺地說服他人，從事某種形式的政治活動，使他人作某種方式之政治反應。但是政治說服既非權力談論（power talk），亦非權威談論（authority talk），它是影響談論（influence talk），雙方在取與之間，互相影響。

一般而言，政治說服的方法有三：宣傳、廣告與辭辯 (rhetoric)。它們有共同之點，即三者皆有目的、意圖和影響力，三者都有相互關係之存在，並非一方支配他方的關係。三種說服在某種程度之內，都會影響他人的認知、信念、價值觀念或期望。它們不同之處在於，第一、其說服之方式是一對一或一對多數人；其次，說服之對象是個人或團體之份子；第三、社會控制觀念不同；第四、着重點不同。

二、宣　　傳

希特勒的「我的奮鬥」一書，充滿了反猶太、崇拜權力、提倡德意志民族優越感，和以德意志民族支配世界的煽動言論。這本書是一典型的宣傳書籍。其特色包括(1)對衆人的傳播，(2)以團體爲出發點的說服攻勢，(3)以說服作爲社會控制的工具，以達到某種目的。法國社會學家和哲學家厄尤 (Jacques Ellul) 說，宣傳是一種由一個有組織之團體控制之傳播，企圖由影響羣衆之心理，使羣衆積極或消極地參與行動，並在心理上與羣衆結合在一起。玆分述宣傳之特性如下：

㈠宣傳是一人對衆人之傳播。一六二二年敎宗格列高里十五(Pope Gregory XV) 召開紅衣主敎會議，決定向全世界人民宣傳天主敎義。敎庭派遣傳敎士前往世界各地，宣揚敎義，希望由一人之宣傳，獲得數千人皈依天主敎之結果。此舉非但是宣傳一詞之起源，且亦代表一人對衆人傳播活動之特徵。其他的例子如政黨領袖在政黨集會中對黨員之演講，候選人在政見發表會所作之演說等。其實助選員挨戶訪問，分發傳單，爭取選票之行爲，也是一人對衆人之說服行爲。這種訪問之活動是連續性的，助選員將一對一之說服，延伸爲一對衆人之說服。

㈡宣傳是以團體爲出發點的說服攻勢。如厄尤的定義所述，宣傳是

由有組織之團體，利用心理之操縱來影響羣衆，使其與團體採取同一行動之說服手段。宣傳是團體之現象。組織之成長與宣傳之發展有密切之關係。宣傳、組織與行動三者緊密結合，有不可分離之關係。無組織，宣傳無法推展；無行動，宣傳徒勞無功。

宣傳家通過對符號之控制達及團體中之個體。希特勒是歷史上最善於利用符號操縱羣衆的人。在悉心設計的納粹黨大會中，希特勒有效地利用納粹黨的標誌符號，激發黨人情緒，使其無條件地忠於黨，爲「一個民族，一個帝國，一個領袖」 ("Ein Volk, ein Reich, ein Fuhrer") 效力。

㈢政治宣傳是一種社會控制的方法。宣傳者在表面上企圖與被宣傳者保持親密之關係，實際上宣傳者不過是團體之代表，他儘量保持冷靜（雖然有時情緒激動），與羣衆保持距離，謹愼地選擇用辭，冀能控制團體中的成員。套用厄尤的話，宣傳員實際上是社會控制的技師。

宣傳理論建立在社會控制的理論 (a theory of social control) 基礎上。社會秩序的形成，是由於社會中各分子不斷的學習和加強政治思想，宗敎信仰，社會觀念，風俗習慣，和基本生活方式所致的。假如一個社會相信廣泛的社會參與是理想的、健康的現象，任何團體都不能坐待有利於己的輿論從天而降。有利之輿論並非垂手可得，它必須經過長期的宣傳之後才能得到。蓋在廣泛的政治參與之條件下，任何團體都不可能獨佔輿論。一個團體不免與其他團體有利害之衝突，因此每個團體務必動員力量，爭取公共之支持。

一個團體必須發佈消息，宣揚主義或政見，喚醒羣衆對此主義或政見之認識，與羣衆建立密切之關係，爭取向心力，維持他們永久之忠誠。這種原則也應用到爭取與國之國際宣傳上。今天每一個國家無不通過各種不同的途徑，以國際宣傳作爲控制國際社會的方法之一。

　　至於宣傳的類分，若干學者將宣傳分為有意圖的與無意圖的宣傳。例如經濟學教授刻意灌溉學生民生主義的經濟理論，這是有意圖之宣傳。而另一教授在回答問題時，不經意地提到民生主義的優點，這是無意圖的宣傳。都布教授將宣傳區分為隱蔽的宣傳（concealed propaganda）和顯明的宣傳（revealed propaganda）。前者隱藏着宣傳的企圖。我們常在電視上看到歷任美國總統，在記者會上技巧地利用每一問題，發表有利於政府之聲明，這是隱蔽的宣傳。後者是公開其宣傳之企圖，如候選人在政見發表會中演講，公開表示其目的在爭取選民之支持。

　　厄尤認為宣傳可分為政治的宣傳（political propaganda）與社會之宣傳（sociological propaganda）兩種。前者是指政府、政黨、壓力團體等為達到某種目的而進行的宣傳，這通常是短期的，有其特殊之目的。後者是長期的、漸進的宣傳，無特殊之目的，從信仰、風俗習慣和生活方式着手，一般的政治教育和文化教育都屬於社會宣傳系統之內。

　　厄尤又將宣傳分為煽動的宣傳（propaganda of agitation）和結合的宣傳（propaganda of integration）。前者之目的在煽動宣傳之對象為某一立即的目標作犧牲，或中斷他們正常的生活，為追求某一長遠的目標而一步一步的努力。煽動者用盡方法，保持羣衆的熱忱和高昂的情緒，以遂其目的。後者的宣傳重點在於思想的改變，使其接受某種主義，成為個人思想不可分離之部分。

　　厄尤的另一分類法是縱的宣傳（vertical propaganda）和橫的宣傳（horizontal propaganda）。前者是一人對衆人之宣傳，多依鼻大衆傳播媒體作為宣傳之工具，如領袖對羣衆之宣傳。後者是一對一之宣傳，利用人際傳播（interpersonal communication）和組織傳播

(organizational communication) 進行宣傳。今日政黨無不進行縱的和橫的傳播，以遂其政治目的。

宣傳攻勢是否有效，端視宣傳之內容能否刺激人心。宣傳家與廣告人、辭辯家 (rhetorician) 不同，前者着重於宣傳內容之刺激性和素質，後二者着重於內容之迎合性。換言之，宣傳內容以宣傳之要求 (appeal) 為主，廣告及辭辯之內容以迎合受播人 (audience) 之背景個性為主。這並不是說，宣傳家不重視受播人之背景個性等因素，也不是說廣告商和辭辯家不重視內容之刺激性和素質，而是指內容之重點各有不同。因此工會主席在向反工會的聽衆發表演說時，明知聽衆對工會存有偏見，他仍堅持工會之立場，目的在刺激聽衆，在聽衆中引起反應以收長遠之效果。

至於宣傳究竟會發生何種之效果，社會心理學家多年來已有若干發現。近年的若干研究成果，推翻了早年的發現，大致而言，宣傳的效果可從下列幾個因素着眼：

㈠宣傳者：這與宣傳者的地位、可信度 (credibility) 和吸引性有關。每一個人在社會上扮演不同之角色。每一個角色具有不同之社會地位與聲譽。一般而言，地位越高，聲譽越高，說服力也越高。一般民衆從各個不同之角度觀察宣傳者，如果他們認為宣傳者具有專業知識和才能，則宣傳者言論之可信度提高。這種論點僅適用於短期的宣傳效果。長期而言，被宣傳的人注意到宣傳者的動機是否正確，宣傳者的地位和聲望尚在其次。

宣傳者的地位、聲譽和可信度固然影響其吸引力，宣傳者之性格、態度、和自信的能力對於吸引力有更大之影響。無可諱言的，吸引力和說服力常成正比。當然，吸引力也與同類性有密切之關係。同年齡的人，同一教育程度的人，同一種族背景的人，同一宗教信仰的人具有較

大的說服力。換言之，被宣傳的人如果認爲宣傳者與本身的背景雷同，則吸引力較大。

　　這說明宣傳固應重視內容之素質，以及宣傳者的地位、聲譽和可信度，也不可忽視宣傳對象之屬性。宣傳對象之屬性，決定宣傳者在宣傳對象眼中之形象。宣傳者之形象是不能脫離宣傳對象的屬性而存在的。

　　㈡訊息：多年來傳播學者對訊息內容之研究，仍欠具體的結論。例如，威脅性的訊息內容是否具有說服性，研究之結果有不同之發現。在某種情況下，威脅性之訊息內容具有說服之效果。（如不用氟化牙膏，將引起蛀齒。）在其他情況下，威脅性之訊息內容，不但無效，且有反效果。（如候選人使用恐懼之競選策略，往往招致反效果。）總之，威脅恐懼之內容是否具有說服之效果？如果有此效果，應用至何種程度？傳播學者均無定論。

　　在其他方面，傳播學者有較爲明確之結論：⑴宣傳必須主張意見之改變。但是如果宣傳之內容與宣傳對象之意見相去太遠，其內容必爲宣傳對象所忽視，或不予接受。⑵宣傳內容切忌過份炫耀。但是宣傳者應提出結論，而非讓宣傳對象自作結論。故於一九七二年尼克森與麥高文競選總統時，尼克森的競選總部不直接的說麥高文缺乏經驗，只說「連選總統」（"Reelect the President"）。這四字明顯地說出，尼克森是現任總統，遠較對手具有豐富之治國經驗。⑶在友好的羣衆前，可强烈抨擊對方之言論行爲，宣傳我方的立場；在敵視的或中立的羣衆前，宜稍收斂，以爭取聽衆的好感和注意力，繼而强調自己的立場。⑷用暗喻以提高說服性。例如，福特總統以副總統的身份，於一九七四年尼克森因水門事件辭職時，繼任總統。福特爲免各方對他期望過高，造成對其政績之失望，於是喊出一口號：「我乃福特，而非林肯」，語含雙關。當然，這是謙遜的表示，他不能與歷史上偉大的林肯總統相提並

論。另一方面，他自比爲一般人駛用的福特轎車，而非富人駛用價昂性優的林肯轎車。(5)幽默軼事往往會提高說服性。(6)宣傳內容應否着重事實或情緒，或兩者並重，端視情況和對象而定。

至於宣傳內容之結構，是否將有利論點放在全文之先或後，傳播研究之結果，並無定論。一般而論，如果是宣傳之對象熟悉之問題，可將重點放在全文之先，否則放在全文之末。無論如何，放在全文之先或之末的論點，往往較夾在中間的論點，容易被人記住。

㈢媒介：現代宣傳之特徵是使用所有的宣傳媒介——報紙、雜誌、廣播、電視、影片、招貼、集會、按戶訪問、郵寄等等。現代宣傳家使用三大形態的傳播——人際傳播 (interpersonal communication)、組織傳播 (organizational communication) 和大衆傳播 (mass communication)。宣傳家應混合使用各種形態之傳播。宣傳家應像譜製交響樂的作曲家，使用多種的樂器，以收宏效。

三、廣　　告

一九七〇年代美國最暢銷書之一是「總統推銷術」 (The Selling of a President)，最著名的電影之一是「候選人」(The Candidate)。兩者都說明推銷一個候選人有如推銷香皂、牙膏、汽車等產品，可加以包裝，以廣告宣傳的方式，推銷給大衆。茲分述政治廣告之特性如下。

廣告有如宣傳，它是一人對衆人之傳播。但有一點不同，政治宣傳家視衆人爲團體之分子 (members of a group)，政治廣告人視衆人爲衆多的個人 (individuals)。政治廣告人和廣告商都以衆人爲個別之對象，希望廣告詞能達到衆多的個人，個別的影響其行爲。

布魯墨 (Herbert Blumer) 對公衆 (public) 與羣衆 (mass) 之

區別，也許有助於吾人進一步的認識宣傳與廣告之區分。他認為，公衆是一羣人(1)面臨同一問題，(2)應付此問題之方法不同，(3)在討論中表示其意見。宣傳之目的在操縱討論，從而操縱輿論（public opinion）。布魯墨又認為，羣衆有如下之特性：(1)包含各種不同階層、不同行業的份子，他們之間並無共同關心之問題，(2)彼此並不認識，並無交往，(3)沒有組織，(4)缺乏統一的行動。廣告是針對這羣無組織、無交往之羣衆而設計之說服行為，冀能「各個擊破」，收到說服之效果。廣告與羣衆之間的關係是直接的，不通過組織，不通過組織之領袖，羣衆中每一個份子的行為乃基於個人的抉擇。❶

如前所述，宣傳是社會控制的一種方法。宣傳家運用符號，提倡共同的信仰，和共有的期望，以促進社會秩序，其目的在使社會上各份子與某一團體認同。

廣告的目的迥異。第一，廣告之對象不是團體中之成員，而是不屬於團體之份子；第二，廣告之目的在使這些份子更為遠離團體，採取個別行動。在宣傳的影響之下，團體份子會漸漸的失去自覺；在廣告影響之下，個別份子會在高度自覺的情況下，採取行動。

當個人受廣告之影響，作獨立之抉擇時，許多人會選擇同一廠牌的襯衣，同牌的阿司匹靈，同牌的口紅，或同牌的汽車，這是選擇集中化的現象（the phenomenon of convergent selectivity）。主張此一理論之學者認為，這種現象是構成民主社會的主要特性，宣傳的結果可能

❶ "The Mass. the Public and Public Opinion," in Bernard Berelson and Morris Janowitcz, eds *Readers in Public Opinion and Communication* (New York: The Free Press, 2nd ed. 1966) p.46 此外請參閱 Jurgeon Ruesch. "The Social Control of Symbolic Systems." *Journal of Communication*, 17 (Sept. 1967) 276-301.

造成同一模式的思想行為，蓋宣傳之目的在向團體認同。廣告之結果造成不同模式之思想行為。在廣告的影響之下，個人基於本身的需求作決定，因此沒有固定的模式，沒有全體一致的決策 (unanimons decision)，經常發生的是一般同意的抉擇 (a consensus of individual choices)。

因此政治廣告之目的不在於造成反對者或中立者政治態度之永久性改變，而在影響個人對某一政治問題的暫時意見，期能影響其一時的政治決定，採取與我有利之行動。例如一位民主黨人士投共和黨候選人之票，這並不表示其對民主黨已失去信心，更不表示其將改變黨籍，這只表示他暫時的政治抉擇。在政治候選人商品化的社會中，選舉的勝負已經不決定於黨的組織力，而決定於政治廣告對選民之影響程度。在美國，政治廣告對無黨派人士 (independents) 之影響，尤為決定選舉勝負之重要因素。

至於廣告之種類，有人分為商業廣告 (commercial advertising) 和非商業廣告 (non-commercial advertising) 兩種。前者又可分為以消費者為對象之消費者廣告 (consumer advertising)，如推銷產品和服務之類的廣告，和以企業人士為對象之企業廣告 (business advertising)。這裏所謂的企業人士指經理、專業人員、專門技術人員和批發零售商等。非商業廣告係指政府、政黨、壓力團體、政治候選人和慈善機構等贊助之廣告。

另一種分類是產品廣告 (product advertising) 和機構廣告 (institutional advertising)。前者有如商業廣告，旨在推銷產品和服務。但這類區分法，將「推銷」候選人的形象 (image) 的廣告，包括在產品廣告之內。機構廣告旨在培養該機構之聲譽，希望消費者會因該機構之卓越聲譽，而購買該機構提供之產品或服務。例如美國艾克森

（Exxon）石油公司的機構廣告稱：「本公司十萬以上的員工致力於能源生產」（We're more than 100,000 people working on energy）。國際商業機器公司（IBM）的廣告說：「我們使過時的產品成爲廢物」（It helps make obsolescence obsolete），這表示該公司不斷創新。美國的政治團體也常作機構廣告，以提高該團體之形象，目的不在於支持某一候選人或某種政見。

　　廣告的效果如何？廣告人在設計政治廣告時，較之宣傳家在設計宣傳內容時，更重視受播人之屬性（predisposition）。此乃由於兩者之目的有異。廣告之目的在爭取個人，使其作有利於廣告人之決定。宣傳之目的在爭取團體之成員，使其爲團體而獻力。但是廣告人亦重視廣告內容之刺激（stimulus）。廣告學者研究受播人的動機（motivation），期能發現何種刺激能使受播人對廣告感到興趣，接受廣告的說服，進而產生效果。因此政治廣告人在設計廣告時，至少有下列幾個問題值得注意：

　　(1)如何刺激受播人。根據席爾斯（Sears）和魏特利（Whitney）研究的結果❷，第一、一個公民與政黨之關係，決定他對政治廣告反應之程度。凡與政黨關係愈深者，愈難接受反對者之廣告。因此，政治廣告人爭取之對象爲與政黨關係淺，或與政黨無關係之人士。第二、一般人對樂觀積極的正面（positive）刺激，較易接受，對於攻訐詆毀等反面（negative）刺激，較難接受。反面的刺激易引起反感。基於這些因素，政治廣告人通常設計不左不右溫和的中間路線的廣告訊息，避免涉及爭端性的問題，以造成積極的正面的形象。因此政治廣告的訊息，以畫面優美，言簡意賅，色彩鮮艷取勝，目的在爭取受播人的興趣，而不

❷David Sears and Richard E. Whitney, "Political Persuasion" in Pool et al., eds. *Handbook of Communication*, pp. 216-252.

在提供資料。

(2)如何迎合受播人的屬性。有的學者認爲，具有某種社會屬性的人較易接受說服。例如，缺乏自信的人較易接受說服；具有高度優越感的人較難接受說服；具有高度專制性格的人也難於被說服。政治廣告人如能事先獲知受播人性格分佈情形，對於內容之構想，有莫大之助益。問題是如何發現這種分佈的情形。

另有兩種因素使政治廣告人重視受播人的社會屬性。第一、社會屬性決定受播人使用大衆傳播媒體之習慣，如看電視、聽廣播、讀報紙的時數，觀賞和閱讀的內容等，這種資料對於政治廣告內容之設計，以及廣告媒介之採用，均有重大之影響。第二、雖然政治廣告者不擬通過團體組織影響受播人之抉擇，但他們希望通過意見領袖 (opinion leaders) 影響受播人。在羣衆中那種人會接受他人之意見，那種人不會接受他人之意見是政治廣告設計人所需要獲得之重要資料之一。

(3)如何影響受播人。 魏備 (Gerbert Wiebe) 將傳播訊息分爲三種，一爲維持性的訊息 (maintaining message)，旨在維持並加强個人的意見與信念；二爲指導性的訊息 (directive message)， 旨在改變個人的信念、價值觀念、 期望與行爲；三爲恢復性的訊息 (restorative message)， 旨在吸引個人的注意力，使其接受各種不同的思想和訊息，俾能作自由的選擇。前兩種的訊息屬於宣傳之訊息，後一種屬於廣告之訊息。恢復性訊息之功能在於恢復個人的自由，不受團體的控制，不受思想模型的約束，使其在各種不同的思想中有所選擇。基於本身對某種問題之認識，和本身之需要，作自主的決定。這是政治廣告效能的特色，也是民主政治之特色。只有在民主社會中，政治團體和政治候選人才有製作政治廣告之自由。公平競爭是政治廣告之精神，此種精神無法在政治壟斷的社會中存在。

四、辯　辯

賈德勒 (Erle Stanley Gardner) 創造一個小說人物梅森 (Perry Mason)——一位具有無比說服力的律師，雄辯滔滔，不但能說服陪審團，從人證中獲得有利證據，且能使對方承認錯誤。梅森律師無往不利，每審必勝。這雖是小說人物，但表現在梅森身上的却是政治辭辯 (political rhetoric) 的幾個基本特性：一對一的雙方傳播 (one-to-one two way communication)，雄辯、談判與戲劇性。

所謂一對一之傳播，並不限於一人對一人之傳播，可能是一人對二或三人，也可能是二或三人對一人之傳播，但是雙方幾乎有同等之機會說服他人。政治宣傳和廣告是一對衆之傳播，宣傳之對象和廣告之對象幾乎無法向宣傳者或廣告人作反說服。政治辭辯則不然，當一位民主黨的議員與共和黨的議員會談，希望其支持某一議案，在此情況之下，共和黨議員有機會對民主黨議員表示其對此一議案之意見，甚至可向民主黨議員進行反說服，請其放棄支持原案，改變態度，支持共和黨的提案。

政治辭辯雖是相互說服，其方式並不局限於雙方的辯論 (debate)。善於運用政治辭辯的人，會利用種種機會說服第三者。在特殊情況下，辯論雙方都以第三者為說服之對象。例如美國兩黨總統候選人在電視上辯論，其目的不在於影響對方之意見，而在於影響電視觀衆的態度和意見；又如法庭上兩造律師之辯論，其目的也不在於說服對方，而在影響法官之判決和陪審團之意見。

政治辭辯有如交易 (transaction)，有來有往，平等互惠。政治辭辯家 (political rhetorician) 在相互說服的過程中，往往相互影響

其意見、態度和立場。成功的外交談判是在進退取與，互相讓步的過程中達成協議。柏克（Kenneth Burke）稱此結果爲一體（consubstantiality）。他說，進行相互說服的人，終必分享共同的感覺、觀念、形象、思想和態度，因而形成一體。❸ 在這種政治說服的過程中，傳播人與受播人創造共同的目標，共同爲此目標努力。政治辭辯式的說服給人以參與感。中華民國每年一度的國家建設研討會，可謂一種政治辭辯式之政治行爲，政府和與會者相互影響，相互說服，共同創造一項政治遠景和目標，共同爲此目標而努力，這是政治藝術的高度運用。

辭辯是一種討論。討論是社會形成的重要因素。在討論的過程中，人可自由的表達意見，交換意見，促進瞭解，達成協議。在討論的過程中，人可不同意他人的意見，但尊重異見，容忍異見。通過政治辭辯，吾人學習如何在異中求同，在紛歧中尋秩序，在動亂中求安定。

亞理斯多德分辭辯爲三類 —— 評議式（deliberation）、辯論式（forensic）和表達式（demonstrative）。評議式的辭辯着重於未來的發展，如列擧某一政見的優劣點，以便左右人民對此政見之看法。在政治上我們常看到這個形式的辭辯。主張保護關稅者認爲，此政策可保護國內工業的成長；反對者認爲，此政策有損消費者的利益。主張開放報禁者認爲，此擧有助於民主政治之發展；反對者認爲，開放報禁徒然造成報業壟斷之局面。

辯論式的辭辯乃基於過去的事實，判斷是非，給予賞罰，但是事實固然不變，是非曲直的解釋因個人之政治立場而異。例如，毛澤東眼中之劉少奇是「工賊、叛徒、內奸」，鄧小平筆下的劉少奇是「偉大的無產階級革命戰士」。

❸Kenneth Burke. *A Rhetoric of Motives* (Berkeley, Calif.; University of California Press, 1969) p. 21.

表達式的辭辯用於褒貶人物、機構、制度和思想。政治競選中候選人相互攻擊，大衆媒體之公開支持候選人，即是此一辭辯之運用。

至於政治辭辯的效果如何？目前尚乏充分的實驗論據。亞里斯多德說，政治說服不能依靠某一形式的辭辯，應混合的靈活運用各種形式的辭辯。

五、三種說服的綜論

寧謀 (Dan Nimmo) 主張，現代的政治說服應注意三種基本原則：第一、說服既是一對一或一對衆之傳播，對受播人之瞭解是設計說服內容，使其具有吸引力之先決條件，故說服之首要原則是搜集受播人之資料，瞭解受播人。第二、研究如何發佈訊息，這包括選擇傳播渠道 (communication channels) 之考慮，是採用報紙、廣播、電視呢？還是採用所有的大衆傳播媒體？是用人際傳播渠道，組織傳播渠道，還是大衆傳播渠道？還是三者併用？第三、語文的風格和結構，這與策略之運用有關❹。第三點有加以申述之必要。

一般人常批評現代的政治說服是欺人之談，滿篇謊言，不足採信。至於宣傳、廣告和辭辯是否全靠撒謊惑衆？事實不然。即使最受詬病之納粹宣傳，亦非全然虛構。希特勒的宣傳部長戈培爾 (Joseph Goebbels) 認為可信度 (credibility) 決定宣傳應是眞實的或虛僞的。宣傳家應經常的（並非永遠的）告人事實之眞象。但是如果捏造之事實無法為人拆穿，或事實之眞象反而不易被人相信，不妨說謊。希特勒在「我的奮鬥」中說：

❹Dan Nimmo. *Political Communication and Public Opinion in America* (Santa Monica, Calif, Goodyear Publisher Co, 1978), p. 124.

「事實應予調整以應所需。……宣傳之目的不在於判斷是非，而在於堅持己見。宣傳不應以客觀之態度調查事實之眞象，如果眞象對他方有利，則依照正義之理論原則，公諸於世，但是務必公布與我方有利部分之事實眞象。」❺

希特勒和戈培爾主張宣傳的關鍵不在於事實之正確性，而在於事實之可信性。玆舉例說明納粹之宣傳伎倆。魏騷 (Horst Wessel) 原是一位英俊的德國青年，納粹的宣傳機構把他塑造成典型的納粹青年黨員。不久魏騷認識一妓女，他發現爲妓女拉皮條，有利可圖，故作該妓女的經理。該妓女的原有經理於心不甘，槍殺魏騷。爲了保全魏騷之完美形象，戈培爾宣稱，魏騷係遭共黨刺殺。在魏騷住院期間，戈培爾數度到病榻前慰問，並廣爲宣傳。魏騷死後，戈培爾將他塑造爲納粹的烈士，並譜製「魏騷進行曲」 (Horst Wessel March)，此曲後成爲納粹黨歌。此事說明，納粹的「調整事實以應所需」之宣傳作風，着重於捏造事實，以應政治所需。

第二次大戰的盟國宣傳政策，可用主持盟軍在歐心理作戰的英國人柯蘇斯曼 (R. H. S. Crossman) 的言論爲代表。他主張事實是宣傳成功的要件。事實也是宣傳家名譽和信賴度的基礎。他說：「宣傳之藝術在於宣傳者不被認爲宣傳者」。因此，「宣傳者之首要工作是建立可靠性和眞實性，使敵人也能信賴你。」❻。可見民主集團和專制集團之宣傳哲學有別，技巧互異。

說服與其他的政治傳播都是符號的活動，因此說服應是一種創造性的交易 (creative transaction)。在此交易中說服者與被說服者都是

---

❺引自 Alan Wybes, *Goebbels* (New York: Ballentine Books, Inc.1973) pp. 39-40.

❻引自 Dan Nimmo *Political Communication*. p. 125.

交易之伙伴，兩者對於彼此之訊息都有敏感的反感（responsive），兩者的行動是創造性的（constructive）和解釋性的（interpretative），而非被動的，無思想的。柏克說，說服的行為與被說服之反應是行動（action），並非動作（motion）。後者是機械操作的反應，無選擇之餘地。蓋某種動作，必定發生某種反應。前者是人類行為之反應，這是有選擇的、不可預測的行為。柏克指出，說服的對象不是一個機器人，可以隨心所欲的被政治宣傳家、廣告人和辭辯家操縱。

　　總之，說服之發生應經過六個連續的步驟：(1)必須提供具有吸引力之訊息；(2)必須對此具有吸引力之訊息予以注意和考慮；(3)必須瞭解其內容；(4)必須相信其內容；(5)必須維持其信念達到相當之程度；(6)必須按照說服者之期望而採取行動。最後一步也是最重要之步驟，如無行動之反應，其他一切努力皆屬枉然。

第四章　政治傳播與大衆傳播

一、導　論

　　人類用各種不同之頻道（channel）傳播訊息。大衆傳播媒體是主要頻道之一。在討論任何傳播頻道時，本書所着重者乃人對傳播頻道之運用、反應和效果，而非頻道本身之性能。蓋人類是一切傳播頻道的發明者和操作者。尤有進者，人類發放訊息，接受訊息，和解釋訊息，每一個人都是眞正的傳播頻道，其他的頻道——人類的發明物——不過是工具而已。由於人類是眞正的傳播頻道，具有完整的傳播功能，其反應和效果是難以預測的。工具性的頻道——報紙、雜誌、廣播、電視、電話、電腦等——只有發出訊息，和接受訊息之功能，而缺乏解釋之功能，故其作用是機械的，其反應及效果是可以預測的。

　　近三十年來，受傳播科技之賜，世界上大部分的人類都有機會享用大衆傳播媒體。除了在極端落後之國家和極權專制國家內之人民外，世界各地人民都曾在電視上看到人類登陸月球之奇景。近幾年來，世界各

地人民尤能在電視機前看到全球性的運動節目，如奧運會，和全球性的娛樂節目，如環球選美等。

大衆傳播媒體給予各國政治人物一種方便的工具，傳遞訊息，說服和影響羣衆。前章所說的三種說服，特性固異，但政治人物多依賴大衆傳播媒體，以逐其說服之目的。大衆傳播媒體使國內的政治人物一夜之間成爲國際性人物，如美國的雷根，德國的舒密特，蘇俄的安德洛波夫，伊朗的柯梅尼，以色列的貝庚，利比亞的卡達費，和波蘭自由工會領袖華文沙等。大衆傳播媒體爲何有如此强大的力量？這要從大衆傳播功能和理論兩方面來討論。

至於大衆傳播之功能，其他有關書籍已有詳盡之討論，玆不再贅述。作者擬將各種大衆傳播理論，就其有關政治傳播部分試加討論。

二、大衆傳播理論

大衆傳播理論多種，玆就幾種理論與政治傳播有關者，提出討論：

㈠社會理論：加拿大經濟學家和史學家英禮士 (Harold Adams Innis) 認爲，任何一種大衆傳播媒體，如非具有時間的偏向 (time-bias)，卽具有空間的偏向 (space time) ❶。例如古代的傳播工具如羊皮紙，泥塊和石塊，雖可長久保存，但難於運送，故有時間之偏向。現代的報紙、廣播和電視易於遞送，但難于永久保存，故有空間之偏向。此類媒體之偏向，影響社會組織。當訊息之傳遞易于克服空間之困難時，領土之擴張，人民之遷居，帝國之建立皆屬易事。但是當媒體具有時間之偏向時，人民生於斯，長於斯，死於斯，長久的受歷史，傳

---

❶Harold A. Innis, *The Bias of Communication*, Toronto: University of Toronto Press, 1951.

統，宗教和家庭之影響，生活在嚴密的社會組織中。時間之偏向着重於過去，空間之偏向着重於未來。

在申述大衆傳播對社會影響時，英禮士着重於兩大傳播頻道：口頭的、和文字的，每種都產生不同型式的文化。口頭文化受制於傳統、社會上的精華份子和長者。這種文化具有時間的偏向，蓋口頭傳播受人類音量的限制，故距離短，時間慢。叙事、民間傳說和神話是口頭傳播之特色，它們維護統治階級的權威。相反的，文字文化意味着快與廣的傳播。此種文化打破傳統。權威從家族與敎會長者的手中轉移到全民的手中。因此英禮士發現社會傳播方式與社會問題解決方法間之關係。換言之，社會傳播方式與社會秩序維護之方法有密切之關係。根據英禮士的理論，傳播方式與頻道決定社會控制的方法，和政府的體制。

㈡知覺理論：英禮士所關心的是大衆傳播與社會組織以及政治體制關係。麥克魯罕 (Marshall McLuhan) 的傳播理論分析大衆傳播媒體與人類感官之關係。

麥克魯罕認爲，每一種媒體具有一種法則，媒體之使用是人類感官之延伸。這與英禮士的時間偏向或空間偏向的理論不同。但是吾人若應用英禮士的邏輯，則麥克魯罕的理論可說爲感官偏向的理論。他認爲，當人使用某一媒體時，他特別依賴着與此媒體有關之某種感官。根據此種理論，說話是音覺之延伸，印刷是視覺之延伸，電視是觸覺之延伸。

由於某種媒體偏向於某種感官，又由於某種媒體之使用使人特別依賴於某種感官，因此，媒體對媒體使用者有深遠之影響。例如，在口頭文化中，說話是唯一的媒體，故此一文化是聲音偏向。其結果造成親密的社會關係。印刷媒體來臨之後，文化之偏向改變了。在此種文化中，人類期待，尋找和要求的是直線的關係 (linear order)，蓋文字的排列是直線式的，印刷是一種高度個人化的傳播媒介。蓋文字是個人所

寫，印刷和閱讀之工具。印刷文化之影響所及，形成了高度個人的民主政治，着重私有財產、個人的意見、和全民參政。

說話的媒體造成親密的社會關係，印刷媒體促進高度自由化的個人行動，電視的產生則形成集體民主。麥克魯罕說，電視是「涼」媒介 (cool medium)，而非「熱」媒介 (hot medium)，人不僅僅是「看」電視，且「參與」(engage in) 電視，蓋電視提供貧乏的資訊，它只提供電子刺激 (electronic impulses)，觀衆應解釋此等刺激，此之謂「參與」。麥氏認爲「熱」的媒介——報紙、廣播——提供讀者與聽衆充分的資訊，並強迫讀者與聽衆接受其意義。由於電視提供不足的資訊，要求觀衆解釋其意義，因此電視「解放」了觀衆，給予觀衆解釋之自由。

對麥克魯罕而言，「涼」媒介之問世，並不帶來高度個人自由之政治的文化，而產生集體化的文化。蓋觀衆雖有解釋之自由，但從電視上發現由電視觀衆所分享的公有意義 (communal meaning)。電視促成了具有立即傳播和分享經驗兩大特性的地球村 (global village)。根據麥克魯罕的說法，世界在電視的影響下是一個地球村。發生在地球村裏任何一個角落的重大事件，通過電視，可立即傳播至全村的每一個角落。

㈢**功能理論**：大衆傳播的功能理論不僅研究各大衆傳播媒體對讀者，聽衆和觀衆提供之功能，且亦研究受播人能從大衆傳播功能上得到什麼？爲何會得到這些？

⑴散播 (diffusion)、說服、與資訊理論 (information theory)。人爲什麼使用大衆傳播媒體，一個常用之答案是：藉此增進知識並瞭解輿論。從此一觀點出發，大衆傳播媒體之主要功能在於散播訊息，從事說服。此一主張係來自資訊理論。在資訊理論中，大衆傳播包括一連串

之系統，它對訊息作順序式的傳遞，從消息來源（source），經過符號製造者（encoder），將訊息翻譯成各種不同的符號如圖片，文字等，再通過頻道（channel），由符號還原為（decoder）將符號復原成收受人認識之訊息。資訊傳遞之目的在減少不確定性（uncertainty）。許多從事政治傳播的人，所追求的也是增加訊息的確定性，或減少訊息的不確定性。但是也有不少的政治傳播者，並不追求此一目標。他們有時故意的模稜兩可，不表明立場，其目的在增加不確定性，而非減少不確定性。例如，美國總統在記者會遇到困難之問題時，經常說：「此事目前正由國會處理中，本人不便置評。」有時以國家安全或外交秘密的理由，拒絕回答某一問題。這種方式的回答或不回答是資訊傳遞過程中的噪音（noice），它增加不確定性。

(2)遊戲理論（play theory）。史蒂文生（William Stephenson）之遊戲理論主張，吾人從事傳播是為了從傳播中得到樂趣。遊戲是一種為尋求樂趣而從事之活動，而非為完成某事而從事之工作。換言之，遊戲理論來自「傳播——樂趣」(communicatication-pleasare)的論點，例如吾人從談話中得到樂趣，從電視的螢光幕上得到娛樂，從閱讀中得到滿足等。史蒂文生認為，資訊理論是「傳播——痛苦」(communication-pain) 的理論，傳播的目的在尋求知識，尋求問題的答案。

遊戲理論與政治傳播有何關係？史蒂文生認為，就一般民眾而言，政治就是一種遊戲。實際從事政治的政治人物焦心苦慮，應付種種難關，這是一項艱苦的工作，但在一般民眾看來，政治事件的發生和發展具有戲劇性，觀察和談論政治事件是一種樂趣。

政治學者艾德曼（Murray Edelman）將政治資訊分為語意的政治資訊（sememtic political information）和美學的政治資訊（esthetic political information）兩種。前者是功利性的，在追求政治目

的和利益，如政治候選人散播某種資訊，冀獲當選。後者沒有明顯的政
治意圖，帶有高度的戲劇性質，如選舉的過程，政治人物憑弔古戰場或
遊覽名勝古蹟，尼克森揮淚離職等等。艾德曼也指出，政治領袖也常利
用美學的政治資訊的戲劇性質，激發群衆的情緒，獲得群衆的支持，在
群衆而言這種傳播是「傳播──樂趣」的活動，對政治領袖而言，這仍
是「傳播──痛苦」的工作。❷

(3)同社會理論 (parasocial theory)： 有一部分的社會學者認
爲，大衆傳播媒體有滿足人類需求社會交往之功能。大衆傳播媒體創造
一種「同社會關係」(parasocial relationship)。通過大衆傳播媒體，
人可與其他人建立親切的關係，而無須作眞實的直接交往。如二十幾年
前的臺灣，「凌波迷」因迷上凌波，在感覺上不但與凌波建立親切的關
係，且迷哥、迷姐、迷公、迷婆之間也有親切之關係。近年的「鄧麗君
迷」也有類似的現象。這種關係並無直接的交往，而是通過大衆傳播媒
體而建立之社會關係，故稱之爲「同社會關係」。

這種理論又與政治傳播有何關係呢？政治領袖利用大衆傳播塑造有
利於己的政治形象，使民衆像「迷」凌波一樣地「迷」上他們。在今日
的美國社會中仍有數以百萬計的「甘廼迪迷」。希特勒固爲暴君，當年
的納粹青年不也是死心塌地「迷」上了他，和他建立起親密的「同社會
關係」？

(4)使用與滿足理論 (uses and satisfaction theory)： 主張此一
理論之學者認爲，大衆傳播媒體之受播人，在傳播過程中，是活躍的、
選擇的參與者。他們認爲「並非媒體用人，而是人用媒體」。人用各種

---

❷Murray Edelman, *Politics as Symbolic Action*. Chicago: Markham
Publishing Co., 1971, pp, 34-41.

不同之媒體，滿足不同的需求。有人閱讀武俠小說，以調劑身心。傳說
艾森豪總統在白宮時，夜讀西部武打小說，恢復疲勞。也有人利用**大眾
傳播**媒體教育自己，增加知識；更有人視大眾傳播媒體爲娛樂的工具；
其他的人利用大眾傳播媒體與他人建立社會關係。

　　我們不難從使用與滿足的理論上看到它與政治傳播之關係。政治人
物使用大眾傳播媒體滿足其政治慾望，達到政治目的，獲得政治利益固
是明顯的例子。一般民眾也可利用大眾傳播媒體滿足其政治慾望，達到
政治目的，和獲得政治利益。

三、大眾傳播對政治之影響

　　「大眾傳播對政治之影響」是社會科學家多年來感到興趣之研究題
目，此一問題吸引了社會科學中各方面學者之興趣，如心理學家、政治
學家、社會學家、傳播學家等。由於選舉是眾所關心之問題，也是具有
戲劇性之問題，因此，選舉很「方便」地就成爲社會科學家研究之對
象，這其中尤以美國歷年的總統選舉爲然。因此，研究大眾傳播對政治
之影響，不免涉及若干從大眾傳播對選舉之影響之研究成果。究竟大衆
傳播對選舉有何影響？

　　㈠**早期的發現**：較爲著名的早期研究有艾爾米爾拉（Elmira）和布
列斯托爾（Bristol）兩項研究，前者是美國的研究，後者的研究在英國
進行。

　　艾爾米爾拉郡的研究顯示，在選舉過程中改變投票意圖者，較不改
變意圖者爲少。而且改變意圖者多是對選舉不甚感興趣的人。他們也較
少接觸大眾傳播媒體，到選舉末期才決定投票之意圖。在英國進行之研

究，也顯示同樣之結果。因此早期之研究有如此之結論： 「大衆傳播對
選舉之報導增加選民投票之興趣，且加強選民原有之意圖。大衆傳播通
常加強而非改變選民之意圖。」❸

因此，競選期間的大衆傳播媒體並非是一股改變選民意圖之力量，
而是加強選民意圖之力量。在這些研究中，學者們發現幾點因素，這些
因素使大衆傳播媒體的選舉報導，無法發揮其影響力。

大部分的選民在競選開始前就已決定投何人之票，或根 本 不 去 投
票，競選宣傳對他們毫無影響。這類選民的比例在百分五十至八十四之
間。遲遲未決的選民， 並非在選舉過程中， 在兩黨之間難予取決， 他
們在選舉初期， 對某候選人的印象和態度乃是決定性之因素。 再者，
在選舉過程中， 選民完全瞭解， 他們是競選宣傳之對象。 任何一方都
不能獨佔選民之注意力。 同時選民爲了避免被作宣傳之對象， 儘量避
免接觸選舉宣傳品。 無數的選舉宣傳品被忽視了， 也就是浪費了。 但
是大多數選民會留意適合於本身意念之宣傳訊息。此時長期隱藏在心中
的某種思想，開始活躍，對政黨的忠誠，對某一候選人的善惡，對某一
政見的立場，起了作用，這些因素產生了選擇性暴露 (selective exp-
osure)，選擇性認知 (selective perception) 和選擇性記憶 (sele-
ctive retention) 的現象， 這使大衆傳播媒體在選舉期間對選民之影
響力益形減少。

早期的研究發現，至少在短短數月的政治競選中，大衆傳播媒體對
選民之影響非常有限，換言之，選民之意向是相當穩定的，持久的。各

❸Garrett J. O'Keefe, "Political Campaigns and Mass Communication
Research," in Steven H. Chaffee (ed.) *Political Communication:
Issues and Strategies for Research*. Beverly Hills, Calif.: Sage Pub-
lications. pp. 131–133.

種研究顯示，一位選民的第一次投票的意向，與以後幾次投票之意向有高度之相關性。如果他第一次投民主黨一票，以後幾次也很可能投民主黨一票。而且，長期而言，選民的地理環境，和社會屬性與投票之次數和型態也有高度之相關性。選民對政黨之一貫忠誠是在選民所處之政治環境以及所接觸的人物（包括家庭成員）影響之下而培養成的。一旦忠誠的意向確定後，短期的選舉宣傳，幾乎無能為力。

　　在英國布列斯托爾地區所作之研究也顯示此一基本的穩定性。此一研究強調政黨之形象和候選人吸引力 (candidate appeal) 之重要性。從一九四五年到一九五一年的三次英國大選中，只有百分十九之該地區選民承認，曾經有不投同一政黨之紀錄，在英國政治選舉中，政黨形象以及該政黨所揭櫫之政策佔極重要之因素。當經濟和社會條件變遷時，選民之自我形象改變了。蓋對黨之忠誠表示對階級之忠誠，一個成功之政黨務必適時改變其形象以配合經濟和社會條件之變遷。大眾傳播媒體在選舉中之功能在於傳播政黨的「適當」形象。政黨也應通過大眾傳播媒體運用適當的符號和口號，在選民的心中建立起適當之形象。這種政黨之形象當然不是一時建立起來的。在選舉開始，這種形象早已存在。但是在選舉期間，經過地方政黨組織的活動，和地方壓力團體的協助，政黨的形象在選民心中更形具體化，更趨穩定，此種現象在英國尤其明顯。英國之政黨和階級組織、工會等有緊密之關係。

　　但是，作為政治傳播學的學生，我們所應瞭解的，不僅是選民意向的穩定性。我們也應瞭解大眾傳播媒體所能影響之處，以及無能為力之處。

　　一九四八年的美國大選是一個典型的例子。是年民主黨總統杜魯門對抗共和黨候選人紐約州長杜威 (Thomas Dewey)。杜魯門是於羅斯福去世時，以副總統繼任，政聲未著，為人樸實，有中西部鄉村氣

息，在選民中形象欠佳。相反地，杜威在紐約州長任內政聲卓著，且有東部紳士氣派，一般人預測，杜威必勝杜魯門，甚至在選舉結束前，杜威早已決定內閣名單，大有勝券在握，只等選舉揭曉，宣誓就職之勢。但其結果，大出意外，杜魯門險勝杜威。

在選舉期間，大衆傳播媒體幾乎一致支持杜威。在投票之日，芝加哥論壇報且以首版橫欄標題宣布杜威勝利。在這次選戰中，大衆傳播媒體究竟扮演了什麼角色？其對選民之影響如何？值得討論。

大衆傳播媒體，尤其是報紙，在報導中雖不免親杜威，在社論中，報紙之評論，對杜魯門尤其不利。但是大衆傳播媒體不能不報導杜魯門總統之競選活動，不能不報導他的「公平政策」（Fair Deal），更不能不報導當時美國之經濟和社會問題。杜魯門不因其個人形象得勝，杜威不因其個人形象失敗。當時的美國人民（絕非今日之美國人民）愛杜威勝於杜魯門，但杜魯門的「公平政策」顯然勝於杜威的傳統之共和黨政策。舉棋未定的民主黨人，無黨派的選民，在選舉的最後階段決心支持民主黨政策（並不一定支持杜魯門）。選戰在最後幾天急轉直下，當時的民意測驗技術尚不高明，候選人和大衆傳播媒體都未察覺此種形勢之發展，以致其結果大出意料。

大衆傳播媒體並非改變候選人之形象，但是他們改變了問題之形象和問題之重要性。在選舉進行中，大衆傳播媒體不知不覺地提高了選民對問題之重視，使選民認識問題之所在，換言之，它們使問題明顯化了。

一九四八年的杜魯門勝利，使我們認識了大衆傳播媒體所無能爲力之處。此後四年美國大衆傳播學者認爲大衆傳播媒體無法使選民超越黨的界線，無法造成大規模的跨黨投票的現象。這種理論，很快的又爲一九五二年之大選結果所修正。當時大選的形勢是韓戰斷斷續續，和談一

波三折，人民求和心切，但要光榮的和平，而非屈辱的和平，共和黨推出二次大戰英雄艾森豪將軍對抗民主黨的文人政治家史蒂文生。如果一九四八年是「政黨年」，一九五二年顯然是「候選人」年。史蒂文生的文人形象難敵艾森豪的英雄形象，但是個人形象配合當前的問題，使艾森豪的聲望扶搖直上。「和平」是當時人民最關心之問題，人民相信艾森豪可爲美國帶來光榮之勝利。因此民主黨人士跨黨投票，其比例雖非驚人，但已足够造成共和黨的大勝。

　　無可懷疑地，大衆傳播媒體在選擧中，可以使問題明顯化，可以塑造或反映候選人之形象。不過，無論是一九四八年的大選，或是一九五二年的大選，絕大多數的選民仍是在選擧正式開始前，作了投票之決定。一九五二年候選人開始利用電視作競選廣告，不論技術如何進步，選擧的宣傳對選民之影響仍是有限的。但是在棋逢敵手，勝負難分的戰局中，這「有限的」的影響，也許就是決定性的影響。

　　實際上大衆傳播媒體在選擧期間所傳播給大衆的不僅僅是政黨的政策，也不僅僅是政黨發言人和候選人所申明者，大衆傳播媒體報導選情發展，分析問題，塑造政黨和候選人之形象，這一切都造成選擧之特殊氣氛。因此在選擧中，選民不但受傳統的政黨關係之影響，也受特殊之選擧氣氛之影響。

　　至於在選擧中，那些人是直接從大衆傳播媒體得到選擧的消息？各人使用大衆傳播媒體的型式不同。意見領袖（opinion leaders）較其同儕更注意大衆傳播媒體對選擧之報導，他們從大衆傳播媒體得到消息，形成自己的意見，將消息和意見傳遞給其他選民，但是在選擧中的意見領袖，並不一定是其他問題上的意見領袖。例如政治問題的意見領袖，並不一定是體育問題的意見領袖，反之亦然。

　　意見領袖與其他選民之接觸往往是人與人之直接接觸，其影響力甚

至超過大衆傳播媒體對人之影響，蓋意見領袖對於黨性不堅以及對選情缺乏認識者之影響甚大。意見領袖不但誘導選民，且能以靈活的方法影響選民之決定，他人在順從意見領袖的意願時，得到滿足感，蓋意見領袖往往是他們所尊重的人物。

意見領袖利用其對選情之瞭解，並對同儕之影響，其意見往往是打擊反宣傳之有力武器。

意見領袖傳遞消息給同儕，他們對同儕的興趣和意見特別敏感。這是意見領袖具有影響力之原因。他們一方面消息靈通，另一方面瞭解同儕之興趣與需要。意見領袖選擇他們所要傳遞的。因此這種影響力，並不一定是穩定性的影響力。

早期研究大衆傳播媒體對選票之影響的重要著作有一九四〇年之「人民的抉擇」（The People's Choice）、一九四四年之「投票」（Voting）、一九四八年之「選民之決定」（The Voter Decides）、一九五二年之「美國選民」（The American Voter）和一九五六年之「美國人之投票行爲」（American Voting Behavior）等。這些研究可謂經典之作。綜觀這些研究的發現，吾人可以歸納兩點結論：第一、大衆傳播媒體，對政治行爲之影響甚微；第二、大衆傳播媒體加強，並非改變選民原有之意見。但是這些研究都是電視在選舉報導中佔有重要性之前完成的。[4]

一九六〇年尼克森和甘迺迪的電視大辯論，使政治傳播進入一個新的紀元，電視在政治傳播中扮演一份重要的角色。但是在一九六二年出版的「大辯論」（The Great Debates）和一九六九年英國的研究報告「電視在政治中之運用與影響」（Television in Politics: Its

---

[4]同前。

Use and Influence) 却都指出，選民很少以電視為意見的指導者，多靠電視收集消息。

英國的研究顯示，百分之五十二選民利用電視瞭解時局和選情，並不靠電視作為投票的指導。選民對政黨態度之轉變，發生於選舉與選舉之間的長期觀察，競選期間選民對政黨態度之改變僅及平時之五分之二。

㈡議程決定理論：議程決定 (agenda-setting) 作為一種研究的觀念是社會和行為科學的新發展。 麥孔和蕭唐納 (Maxwell McCombs and Donald Shaw) 兩教授於一九七二年發表之「大眾傳播媒體的議程決定之功能」一文，是大眾傳播理論的一項新發展。❺

這項研究是於一九六八年在美國北卡羅萊納州的 大 學 城 (Chapel Hill) 進行的，其假定是：固然大眾傳播媒體對選民之態度影響極微，但大眾傳播媒體決定每次政治選舉之議程 (agenda)，並影響選民（對政治問題）態度之顯著性。

為了研究此問題， 麥、蕭兩教授調查那些是選民 認為 最重要之問題， 同時用內容分析法研究當地報紙、 紐約時報、 全國性的新聞雜誌 (Time, Newsweek) 和NBC，CBS 的晚間電視新聞所重視之選舉問題，冀能發現，選民所重視之問題，是否與大眾傳播媒體所重視之問題相符。

他們發現大眾傳播媒體所重視之問題與選民所重視之問題有高度之相關性。固然在一九六八年美國大選中，三位總統候選人（尼克森、韓福瑞、和華納士）所重視之重要問題各有不同，選民的判斷似乎反映大眾傳播媒體之判斷。這表示選民注意政治新聞的全面，而不僅注視某一

❺Maxwell E. McCombs and Donald L. Shaw. "The Agenda-Setting Function of Mass Media." *Public Opinion Quarterly* vol. 36. Summer 1972, pp. 176-87.

候選人的論點。麥、蕭兩氏認為，這是大眾傳播媒體決定議程的明證。
大眾傳播媒體在政治選舉中是主要的消息來源，也對瞬息萬變的政治現
象提供最佳之消息。

　　前面所指出之高度相關性也說明，大眾傳播媒體能成功供應選民所
需要之消息，適合選民之興趣。

　　大眾傳播媒體的議程決定功能的假定，固係由麥、蕭二氏的研究予
以證實。但其概念並非由麥、蕭二氏提出。李普曼(Walter Lippmann)
於一九二二年所著之「公共輿論」一書首章「外面世界與腦中影像」
(The World Outside and the Picture in Our Heads) 中談論
報紙在民主政治中所扮演之重要角色時，已經明顯指出報紙與讀者之關
係。他的結論是，健全之民意不應為報紙所影響，應影響報紙。

　　較為具體之概念是由柯恩 (Bernard Cohen) 於一九六三年所著之
「報業與外交政策」一書中指出❻。他認為，報紙並不能很成功地告訴讀者
想什麼(What to think),但能很成功地影響讀者想些什麼問題(What
to think about)；　報紙並不能很成功告訴讀者說什麼 (What to
talk)，但能很成功地影響讀者談些什麼問題 (What to talk about)
在麥、蕭二氏的研究發表之前，　麥克里奧 (Jack Mcleod)　發表一項
一九六四年的大選研究報告，他分析兩家報紙的選情報導，發現兩家報
導之重點迥然不同，　一以聯邦政府的開支為重；　一以控制核子武器為
重。固然民主黨政策以控制核子武器為重，共和黨以控制聯邦政府的開
支為重，但在問及讀者之意見時，不論黨籍，皆與其所閱讀之報紙的報
導重點有關。換言之，讀者所關心之問題與報紙所著重之點，有高度之
相關性。

──────────

❻Bernard Cohen. *The Press and Foreign Policy*. Princeton University
　Press. 1963.

一九七三年麥克里奧、貝克和布勒斯三人又進一步對此問題加以研究。他們用三項論點的明顯性的觀念來測驗議程決定的假定。這三項論點的明顯性是: 個人論點明顯性 (individual issue salience)，社區論點明顯性 (community issue salience) 和感覺論點明顯性 (perceived issue salience)。他們認為第一種觀念是屬於人內性的 (intrapersonal)，第二種觀念是屬於人際性的 (interpersonal)，第三種是屬於兩者之間的。他們認為，議程決定的假定 (hypothesis) 暗示，大眾傳播媒體可以報導候選人所討論的問題，改變個人對社會現況 (social reality) 之觀點。

目前議程決定的假定是否已經確定或推翻呢? 兩派各有不同的看法。麥、蕭兩教授認為，大眾傳播媒體雖有影響選民觀念及行為之能力，只是無法確定何時有此能力，何時無此能力。麥克里奧等持更謹慎之看法，他們警告學者，不可無條件地接受議程決定理論。

麥孔教授本身也指出，無人認為大眾傳播媒體無論何時對所有之問題，對所有的人都具有議程決定之功能。他說，假如大眾傳播媒體有此影響的話，則美國主婦觀看日間電視節目，受日間主要電視廣告影響之後，則除了談洗衣粉外，其他問題都不關心了。❼

㈢近期的發現: 孟德爾遜 (H. Mendelson) 和歐奇弗 (G. J. O'Keefe) 於一九七二年美國大選時，用抽樣的小組查訪方法 (panel study)，研究選民在作投票決定前受大眾傳播媒體影響之程度。❽

❼Donald Shaw and Maxwell E. Mc Combs, *The Emergence of American Political Issues : The Agenda Setting Function of the Press*. St. Paul: West Publishing Co.

❽H. Mendelsohn and G. J. O'Keefee, *The People Choose a President: A Study of Vote Decisions in the Making*. Department of Mass Communication, University of Denver. 1975.

這項研究是基於兩項假定：一選民面臨投票與不投票之抉擇；二投誰之票的抉擇。在選舉初期卽作不投票決定之選民，一般而言，對選舉消息不加注意，因此不受宣傳之影響。他們不是對政治不感興趣，就是對某一選舉不感興趣。在這「不投票類」的選民中，有一小部分是開始時想投票，最後不投票的選民，這些人可能因爲疾病，忘記登記，或因選舉過程中對所有候選人都不滿意，致對選舉缺乏興趣，或因其他事故，放棄投票。

對於決定投票者，有兩種基本因素影響選民「暴露」(expose to)於大衆傳播媒體之程度，媒體暴露性對選民之投票決定有相當之影響。這兩種因素是：何時作此決定，以及此項決定之困難程度。於選舉初期卽決定投票者，他們所「暴露」之媒體內容僅限於能支持其決定之資料。早期決定者，多半不能無偏見地接受各種內容，對所有候選人作公平之評價。他們通常認爲，他們投票之決定並非「困難之決定」(difficult decision)。雖然他們不免「暴露」於反宣傳之內容，但他們之態度多不受此宣傳之影響。在一九七二年之研究中，四分之三接受訪問之人屬於早期決定者之類。十分之一的選民在選舉初期表示擬投某候選人之票，然後改投該候選人之反對者之票，這類選民列爲轉變者(switcher)。這一類選民多半是對政治興趣偏低，對競選之注意程度中等，對媒體暴露程度在中等與低等之間，並且高度地期待媒體幫助他們作投票之決定。

在選舉初期未作決定之選民佔百分之十四，通常是因爲難於決定，故期待任何力量──包括媒體和個人──協助其作投票之決定。未作決定之選民之心理和媒體暴露行爲與轉變者相似，他們與轉變者不同之點在於，在競選開始之前，遲遲未決者期待媒體影響其決定之傾向，較之轉變者爲小。

決定的時間和困難程度兩種因素的本身並不能決定媒體之影響力。

選民在競選開始前對大衆傳播媒體之態度，使用媒體的程度，和期待媒體影響其決定的程度都與選民接觸何種媒體內容，以及媒體影響力之大小有密切之關係。再者，選民對大衆傳播媒體之預感也受許多因素之影響，這些因素包括選民之社會屬性，生活方式，政治經驗，思想傾向以及黨籍等。孟德爾遜與歐奇弗認爲，以下三種行爲——選民對選情報導之注意力，選民對媒體之「暴露」程度，以及選民與他人討論選情之次數——關係媒體影響選民決定（voter's decision）之程度至大。

四、結　　論

從早期及近期研究的成果，吾人似可確定大衆傳播媒體在加強選民已有之態度方面之作用，大於改變選民態度之作用。議程設定的研究指出，大衆傳播媒體雖不能告訴選民想什麼，說什麼，但可影響選民想什麼問題，說什麼問題，這一理論，尚待進一步的研究。一般學者對此理論仍持審愼之態度。

孟德爾遜和歐奇弗的研究指出，媒體內容對選民影響之程度，端視選民的政治行爲以及媒體使用行爲而定。同時，選民對選擧決定之早晚，也是媒體影響力大小的因素之一。

總之，選民的行爲受各種因素影響，正如其他的社會行爲，我們很難確定某一政治行爲是受何種單一因素影響。大衆傳播媒體僅是影響選民行爲的因素之一。基於這種原因，學者雖不斷地研究此一問題，尚無突破性的進展。

第五章　政治新聞之傳播

一、政治新聞的來源和頻道

　　人類自有史以來就有從事新聞傳播活動之記錄，但是傳播活動之方式却在不斷的改變。早期的新聞傳播活動完全是靠個人的傳播。十九世紀以來，傳播科技的發達，和教育的推廣，促進了大衆傳播事業的發展。今日的新聞主要是──並非完全是──通過報紙、廣播、電視和雜誌而傳播給社會大衆，以個人作爲大衆傳播媒體的機會愈來愈少。

　　大衆傳播媒體之發達，不但改變了政治活動的方式，也改變了政治新聞傳播的性質。政治人物不僅依賴政治團體且利用大衆傳播媒體，作爲表達政見、溝通民意和爭取民衆支持的工具。同樣地，社會大衆也以大衆傳播媒體作爲表達意見，取得政治人物注意的工具。假如說大衆傳播工具是一種政治工具，其力量不在於它的言論對政治人物和社會大衆之影響，而是由於它位居要衝，介於政治人物和社會大衆之間，成爲兩者注意之焦點。

政治新聞是政治人物和新聞記者，以及社會大衆和新聞記者的共同創造物。政治人物是政治新聞的來源，新聞記者成爲政治人物的新聞頻道；同樣地，社會大衆在表達政治意見時，也成爲政治新聞的來源，在這種情形之下，社會大衆也扮演政治人物之角色。所謂政治人物一般而言指政府官員、民意代表、政府發言人、壓力團體發言人、政治候選人等等。無論如何，政治人物仍是政治新聞的主要來源。

爲什麼政治人物主動的或被動的向新聞記者提供新聞？主要的是推廣他們的政治目標。例如雷根政府的發言人，在向新聞界提供有關蘇俄軍備的資料， 和蘇俄及其附庸古巴在中南美洲活動的情形時， 雷根政府希望新聞界對此項消息之報導，有助於國會的國防預算審查，冀能通過高數字的國防預算。雷根政府更希望民意能給國防預算予以有力的支持，以影響國會的投票。

政府發言人或政府機構的新聞發布人是代表政府機構或 政 策 官 員 (policy officials) 發言的職業政治傳播者。 這種職業存在的理由是，在政治官員看來新聞之製作 (news making)，影響政令和政策之宣傳至大， 他們不能完全信賴新聞記者之筆、口和表情。 因此， 新聞發布人製作現成的新聞稿、 錄音帶和錄影帶供新聞記者使用。 新聞發布人在適當的時期尋求宣傳的機會， 或避免宣傳的機會。 有時避免宣傳的機會比尋求宣傳的機會對政治傳播而言更爲重要。正如美國副總統布希 (George Bush) 所言， 一個政治人物的 「表現包括有所爲和有所不爲」。 ("Performance consists of doing things and not doing things.") 無論有所爲或有所不爲， 新聞發言人絕不採取中立的、 客觀的態度提供新聞。總統的新聞秘書 —— 不論是尼克森總統的齊格勒 (Ron Ziegler)、福特總統的納森 (Ron Nessen)、卡特總統的包威爾 (Jody Powell)、 雷根的布萊第 (Jim Brady) —— 不是新聞記者

的秘書，而是「總統的」新聞秘書。

因此，政府高級官員和他們的新聞祕書都是新聞供應者，利用新聞傳播媒體，促進其政治利益。他們都是政治說服者。但是這些政府官員和新聞秘書對說服的功能各有不同的看法。有的政府官員認為，他們應向人民報告所有的政府活動，讓人民詳審細查。美國的一位新聞發布人說：「新聞官員的功能，是通過新聞傳播媒體將政府的活動和計劃通告給人民。」這種功能可稱之為報告者（informer）的功能。有些政府官員主張採用教育者（educator）的功能。他們認為政府的活動和計劃，龐大而複雜，新聞記者只能作摘要的、教育性的報告。第三類官員主張採用宣揚者（promoter）的功能，報喜不報憂，報好不報壞。 ❶

新聞記者成為政治新聞的頻道。在美國，有的專欄作家、社論記者公開的採取某種政治立場——保守的、穩健的、自由的、或激進的。其實，他們是被聘用採取某種立場。例如美國專欄作家吉爾貝特烈（James Kilpatrick）的言論以保守著稱，魏克（Tom Wicker）以自由著稱，若干新聞記者也以某種言論的提倡者（advocator）自居，並不擬提供「平衡的報導」（balanced reporting），他們認為所謂「平衡的報導」是不可能的。因此，這類記者僅報導一面的消息，他們認為有其他的記者報導另一面的消息。莫瑞爾（John Merrill）和洛文斯旦（Ralph Lawenstein）稱此種主張為「宣傳新聞學」（Propagandistic Journalism）。莫、洛兩教授說：「這派新聞記者是具有信仰、計劃和目標的宣傳者，他們有系統地企圖移植自己的信念到別人的腦中。」❷

---

❶Dan D. Nimmo *Newsgathering in Washington.* New York: Atherton Press. 1962, pp. 19-31.

❷John Merrill and Ralph Lawenstein. *Media, Messages and Men.* New York: David McKay and Co. Inc. 1971, p. 104.

與這派記者成強烈對比的是以報導事實爲職責，不作評論的一般記者。這種記者既不批評，也不支持政府，以公允、客觀的態度報導新聞。假如，宣傳記者自認爲新聞事件的參與者；一般的記者自命爲新聞事件的記錄者。

二、政府與新聞界之關係

政府與新聞界的關係因政治制度而異。在民主制度的社會中，政府官員既愛且恨新聞記者，他們處於愛憎的關係中。在專制與共產制度的社會中，政府視新聞傳播媒體爲御用工具，他們處於主從的關係中。這種關係的產生源於新聞自由的觀念。新聞自由的基本觀念是眞理愈辯愈明。這並不是說，每一項新聞報導中都含有眞理，事實上，這是不可能的事情。由於新聞採訪的時間性，新聞來源的偏見，以及新聞記者本身自覺與不自覺的偏見，新聞記者不可能在每一條新聞中都提供完整的事實，全面的眞理。也正因爲如此，每一條新聞不論是眞實或虛假，都有助於眞理的闡揚。米勒 (John Stuart Miller) 於一八五九年說：「卽使世界上所有的人都持同一意見，只有一人持相反的意見，人類也無權壓制此人的意見，正如他也無權壓制全人類的意見。假如此人的意見是對的，人類將失去以錯易眞的機會，假如此人的意見是錯的，也可使眞理愈明。」

李普曼 (Walter Lippmann) 也曾提出類似的意見。他認爲「新聞自由的理論是，眞理可從自由報導和自由討論中出現，而不是說任何一則單獨的報導，可以提供全面的事實。」

一七三五年，在當時的英國殖民地的紐約發生了一件曾格案 (The Trial of John Peter Zanger)。此案對新聞自由的理論，以及民主

國家政府官員與新聞界之關係影響至大。茲簡述如后:

　　曾格是紐約每週新聞 (New York Weekly Journal) 的出版人。該週刊的兩位作者亞歷山大 (James Alexander) 與莫理斯 (Lewis Morris) 不斷的撰文批評紐約總督柯斯比 (William Cosby) 的虐政,攻擊他剝削基本人權。一七三四年十一月柯斯比總督再也不能忍受,下令逮捕曾格。他在獄十一個月,未被提審,他堅拒透露作者的姓名,他的週刊由其妻安娜 (Anna Catherine Zanger) 繼續出版。一七三五年八月四日曾格終於被控惡意譭謗政府官員,由八十高齡的漢彌爾敦 (Andrew Hamilton) 律師辯護。當時的法律規定, 事實不能作為譭謗的辯護。漢彌爾敦不顧法官的一再阻止,直接向陪審團申訴。他說: 「今天各位所面臨的,不是一件微小的、私人的事件,而是有關一位微小的、可憐的出版人的理想。本案的結果,會影響到生活在英國統治下美洲大陸上的每一位自由人士。這是一項有關自由理想之案件。毫無疑問,各位今天正直的行為,不但將使各位獲得同胞的敬愛,也會贏得每一位崇尚自由、厭惡奴役的人民的祝福與尊敬——尊敬各位為阻遏暴政的人物。作公正無私的判決,各位將為我們自己、我們的子孫、我們的鄰人奠定一座崇高的基礎。建立在這基礎上的是自然與法律所賦予我們的自由權利——以言論和寫作來揭發和反對專權的權利。」

　　陪審團在聽了漢彌爾敦義正詞嚴的辯辭之後, 判決曾格無罪, 這時法庭中歡聲如雷。

　　這一判決是新聞自由史上的歷程碑, 它給政府官員免於被批評的學說一項嚴重的打擊, 它也奠定以事實作譭謗辯護的基礎。漢彌爾敦的辯辭也成為美國憲法第一修正案 (The First Amendment) 的精神所在。美國的政府官員和政治人物一方面既尊重新聞自由,另一方面又保護本身的政治利益, 在這兩難的情況下, 和矛盾的心情中, 不可避免地

和新聞界建立了愛憎的微妙關係。

這種關係在專制的和共產社會中是無法建立的。政府官員視新聞傳播媒體爲專政之工具，新聞事業除了順從和關閉之外，並無選擇之餘地，新聞記者除了接受被役用和坐牢或遭殺身之禍外，也無選擇之餘地，微妙的既愛且恨的關係無法建立。

一八六〇年代，當俾斯麥成爲德意志的鐵血宰相時，立刻控制新聞機構、拘捕編輯、關閉不聽命的新聞機構。據估計，他於一八七八年內關閉了一百二十七家期刊。未受停刊處分的期刊，如非受到威脅，即受到賄賂。他以一筆龐大的基金，賄賂國內外記者，助其宣傳政策，攻擊敵人。俾斯麥對被役使的新聞界毫不尊敬，稱他們爲卑鄙的新聞界 (reptiles press)，稱接受賄賂的編輯爲新聞黃牛 (press cattle)。他對新聞界的總評是：「清白的人不會爲我寫作」(Decent people do not write for me.")。

四十年後，希特勒在德意志重施俾斯麥的舊技，發展納粹新聞事業，壓迫反對者，使用金錢和榮譽影響國內外新聞記者。希特勒手下有兩員大將主持新聞和宣傳事業。他用安曼 (Max Amann) 建立新聞事業，用戈貝爾 (Joseph Paul Goebbels) 負責宣傳。

安曼在第一次世界大戰時原是希特勒手下的一名士官。希特勒當權之後，安曼奉命成立出版公司 Eher Verlag。該公司發行小型的反猶太週刊（四頁）Voelkischer Beobachter，此報成爲納粹的機關報。安曼也奉命爲黨開辦、關閉或沒收其他報刊。到一九三六年，他已建立了一百餘家納粹黨報，總銷數超過四百萬份，到一九四〇年 Voelkischer Beobachter 已成爲日報，日銷一百萬份。安曼關閉了所有左傾報紙和大部份的溫和報刊，沒收了所有猶太出版商的財產，歸併或沒收數百家天主教報紙，使他們完全歸屬在出版王國 Eher Verlag 之下。

　　戈貝爾當上了宣傳部長，他於一九三三年制定編輯人法。根據此法，他强迫所有的新聞人員向政府登記，所有的編輯接受任命爲政府的公務員，所有的發行人接受納粹指示，否則關閉其出版物。當然，所有從事新聞事業的人必須是日耳曼民族的白人（German Aryans）。

　　在德國境內的外國記者，不接受賄賂成爲納粹傳聲筒者，卽被驅逐出估境。戈貝爾對外國記者的影響力遠達德國境外。在一九三六年，據估計四分之三的法國記者接受戈貝爾的津貼，無怪乎在德軍壓境時，大部份的法國人尙不知國家亡於旦夕。

　　對戈貝爾而言，新聞事業是納粹政府的武器之一。一九六三年，當甘廼迪政府的助理國防部長提到以新聞爲國防的武器時，甘廼迪的支持者不知道爲什麽新聞界會如此激烈的反對。殊不知此語使人憶起戈貝爾說過的一句話：「新聞政策是戰爭的武器之一。它的目的是在發動戰爭，而非提供消息」。戈貝爾的主子希特勒曾說：「我的新聞組織是一個眞正的成功例子。我們已經消除了任何人想說什麽就有權力說什麽的政治自由的觀念。」

　　莫索里尼關閉了三分之一的義大利報紙，迫使其餘的新聞事業人員參加法西斯黨。他曾自鳴得意的說：「我認爲法西斯新聞理論是我的交響樂。」

　　共產的新聞理論與專制的新聞理論如出一轍。列寧於一九二〇年曾問：「爲什麽要允許言論和新聞自由？爲什麽一個政府在做它該做的事情時應受批評？我們決不給反對者以致命的武器。思想較之槍砲更能致人於死地。爲什麽要允許任何人有購買印刷機、散布惡毒言論、中傷政府之權利？」

　　在蘇俄，沒有人有此權利；新聞事業是政府的一部份。它僅發表政府允許發表之新聞。史達林的秘密警察頭目貝里亞（Lavrenti Pavlo-

wich Beria)，於史達林死後，在馬林可夫（Georgi Maksimilia-
nowich Malankov）任總理時，他任第一副總理。但在權力鬥爭中，
他於一九五三年七月被捕，十二月被處決。蘇俄報紙隻字不提。蘇俄人
民是在一則有關莫斯科歌劇開幕的新聞中發現貝里亞失勢。所有克里姆
林宮的權要都列名於此則新聞中，獨缺貝里亞，人民開始懷疑貝里亞的
權勢，其實當時他已不在人間。

繼馬林可夫爲俄共第一書記，後任總理的赫魯雪夫，當政近十年，
女婿且主持眞理報，但赫魯雪夫於一九六四年失勢後，蘇俄報紙隻字不
提此人的活動。一九七一年赫魯雪夫去世，在西方各大通訊社發布此訊
的四十八小時之後，眞理報才獲准發表一則長僅五十七字的訃聞。赫魯
雪夫在位時──當然也沒想到死後的「哀」榮──曾對新聞事業的功能
作如下的評論：「新聞事業是我們主要的思想武器。我們需要它來擊敗
勞工階級的敵人。軍隊無武器，則無法作戰，黨無新聞事業之尖銳善鬥
之武器，則無法成功地實行其思想工作。」

以上的這些例子，告訴了我們在專制和共產社會中的政府與新聞界
之關係。

三、策略性的新聞運用

政治新聞多來自政府官員。在民主社會中爲什麼政府官員要對新聞
界發布新聞呢？當然，我們不難發現許多冠冕堂皇的理論。例如，這是
民主社會，人民有獲知之權（right to know），官員有告知的義務
（obligation to inform）。有的說，政府官員有自我滿足感（ego
gratification），根本無法保守機密。然而，既不是民主理論，也不是
個人心態，使官員不斷地以各種方式向新聞記者提供消息。政府官員常

利用新聞傳播媒體以遂個人的政治目的。例如，美國高級官員利用新聞傳播媒體表明自己對某種政策的支持或反對，希望藉此獲得白宮或國會之注意，俾能坐「直升機」，急速高升。

　　有的官員則故意製造某種消息，或透露內幕消息，以影響其他政府官員對形勢之認識，進而影響其決策。曾任美國駐印度大使的哈佛教授蓋爾布萊斯（John Kennith Galbraith）說：「我發現，欲使美國總統對我意見重視的最佳途徑是通過華盛頓郵報和該報駐新德里記者，而非國務院。」❸

　　本節所重視者係政府官員策略性地運用大眾傳播媒體以達到某種政策性的目的，或個人的政治目的。茲分述各種策略如下：

　　㈠塑造民意：民意是影響政策的重要因素。民主國家的政府在釐訂政策之時，無不密切的注意民意之動向。新聞傳播媒體是獲得民意動向之最佳頻道。但是新聞傳播媒體不但報導民意，也塑造民意。政府官員不但依靠新聞傳播媒體獲得最新民意動向的消息，也利用它們塑造民意，尤其利用專欄作家和評論家的言論，塑造與己有利之民意。一九四〇年六月納粹席捲歐洲大陸，英國陷於孤立狀態，但是此時美國國內反參戰的孤立主義者氣燄高張，羅斯福總統擬援助英國，鑒於民意不利，踟躕不前。當時英國駐美新任大使羅先爵士（Lord Lothian, 原名 Philip Kerr）是美國專欄作家李普曼的老友，羅先電約李氏到大使館商談。羅先大使分析當前局勢，如果英國失去對大西洋海權之控制，邱吉爾政府必然下臺，新政府可能和希特勒合作，則英國皇家海軍必在希特勒控制之下，直接威脅美國本土之安全。為防止此一悲劇發生，英國立刻需要武器和軍艦——尤其是驅逐艦。美國是軍備的唯一來源。羅先指出英國

---

❸*The Washington Post.* June 26, 1972. p. A-15.

願以租借英國基地交換美國的軍備。李普曼同意羅先大使的看法，不久前他在哈佛校友聚會中亦對孤立主義者猛烈的抨擊。

李普曼和羅先會談後，設計一套塑造民意的策略。他認爲此事須獲得一位德高望重的權威人士之支持。於是他想起第一次世界大戰的英雄潘興將軍 (General John Pershing)。他約新聞週刊記者林德利 (Ernest Lindley) 同訪八十高齡的潘興將軍。他告訴潘興，英國之存亡懸於老將軍對此計劃之意見。潘興大爲感動，同意支持此一計劃。潘興發表動人之演說。他說：「這是最後一個機會，以次於戰爭的措施，防止戰爭。」反孤立的報紙，一致讚揚潘興的演說，譽爲代表美國的責任感和政治成熟。其實，李普曼是此一演講稿的捉刀人。

羅斯福總統鑒於民意的支持，於是年夏末撥五十隻逾齡的驅逐艦給英國皇家海軍，以換取使用英國海軍基地之權利。此例可說是新聞傳播媒體和新聞記者影響政策的經典之作。李普曼身爲專欄作家，深知其中奧秘，此事在他的設計之下，影響了美國決策，也影響了世界大戰的歷史❹。

二十年以後，美國漸漸地捲入另一場戰爭——越戰。一九六八年，當美國深深地陷入這場戰爭時，傳播科技已將美國推入電腦的時代。李普曼時代的「美國世紀」，因科技的發展，新興國家的問世，以及其他地區的經濟發展，雖未至薄日黃昏之景，至少已是日影西斜了。哥倫比亞廣播系統 (Columbia Broadcasting System) 的晚間新聞主持人柯朗凱 (Walter Cronkite) 已是公認的「新聞先生」(Mr. News)。他的報導具有深度、尤其翔實、公正、不誇張。民意測驗顯示，他是美國人民最信賴的人物。柯朗凱是二次大戰時的合衆社戰地記者。韓戰時期轉入

❹Ronald Steel, *Walter Lippmann and the American Century.* New York: Vintage Books. 1981, pp. 384-385.

電視新聞界工作。在越戰初期，他一本過去戰地記者的作風，以高度的愛國熱情處理越戰新聞，信任政府和戰地指揮官所供應的資料，但他的手下的年輕記者，對越戰的報導字裏行間常流露出反戰反政府的情緒。柯朗凱當時相信政府的宣傳，相信越戰是短期的戰爭，越共和北越不敵美國的優勢武力，假以時日，西貢的越南政府必能全部挑起保衞南越的重擔。柯朗凱不瞭解爲何年輕的戰地記者如此反戰，如此反政府。一九六八年，越共發動越南新年攻勢 (Tet Offensive)。美方官方宣布，美方大勝，數日內美軍駐越統帥宣稱，攻勢業已停止，但戰地記者所報導者與官方消息迥然不同。美國民衆大感困惑，柯朗凱決定親自出馬，到越南實地採訪。柯氏深知此行結果可能違反他一向的作風，不免在報導加以評論。但是，哥倫比亞公司新聞決策當局認爲越戰已是全民關心之事，新聞界有義務向大衆正確地報導戰爭的實況。該公司派專機送柯朗凱及新聞製作等技術人員飛往越南。當專機飛近越南時，柯朗凱知戰爭激烈，情況不妙，越南控制的各機場附近都有激戰，機場全部關閉，專機幾乎無法在越南任何重要機場降落。總算柯氏面子大，最後勉強獲准在西貢機場降落。

　　柯朗凱立卽訪問美軍駐越統帥魏斯摩蘭將軍 (Gen. William Westmoreland)。這位四星上將對美國的頭牌新聞記者來訪甚感意外，仍強調越共攻勢業已結束，美軍獲得大勝。柯朗凱決定赴前線採訪，他進入順化時，順化街頭尚在激戰，他與另二位CBS記者在順化街上觀戰，並作實地採訪。他立卽體會到美軍和華府向人民撒謊，美軍在此役中大敗，而非大勝。他離開順化時，順化美軍利用他的專機運送屍體回西貢，柯朗凱在回程中就坐在十二個屍體袋旁邊。當日，他又單獨訪問了老友亞伯蘭將軍 (Gen. Creighton Abrams)。這位駐越美軍副統帥，卽將取代魏斯摩蘭出任駐越美軍最高統帥的人物，坦率地告訴柯朗

凱美軍損失慘重，此戰對美軍心理影響至大，越戰非短期內可以結束。

當晚，柯朗凱與各國駐越記者餐敍，更證實美軍慘敗的消息。此次訪問使他改變對越戰之認識，他本來已對詹森越戰政策從支持轉爲懷疑，如今是反對越戰，他認爲越戰前途堪慮。回來後，他根據採訪所得，報導了所見、所聞、所思。柯朗凱的報導，對民意有莫大之影響。大多數美國人民從支持詹森越戰政策，變爲反對他的越戰政策。同時，人民對他們自己政府的言論的可靠性，失去信心。賀伯斯坦（David Halberstam）在他的名著「權力之所在」一書中說：「這是美國歷史上第一次，一場戰爭係由一位電視新聞主持人所宣布的。」❺

詹森總統看到柯朗凱的節目後，對他的新聞秘書克利先（George Christians）說：「這是一個轉捩點。」詹森又說，「假如我已失去柯朗凱，我已失去美國大衆。」這事也使詹森決定不競選連任。❻

李普曼和柯朗凱兩例，都說明新聞記者對民意之影響，對政策之影響。前例說明政府領袖獲得名記者的合作，塑造有利於政府的民意；後者說明政府領袖無法獲得名記者的合作，以致失去民意的支持。

㈡間接地宣布政策：政治人物，尤其是高階層的政府官員，在時機未成熟前，不願公開地宣布政策，以免缺乏彈性，無法靈活地運用政策，但又需要使人知道這是政府高階層的決策，使人明瞭政策的傾向，俾便組織支持該政策的力量。在此情況之下，政府高階層人士，往往通過較低級官員或直接向一、二位新聞記者透露政策的傾向。這種策略與政治氣球的策略又有不同。前者是政策已定，但時機未成熟，未便正式

---

❺David Halberstam. *The Powers that Be.* New York: Alfred A. Knoff. 1979, p. 514.

❻同❺。

發表，後者是政策尚在醞釀階段，但政治氣象不明，故放出氣球，以測氣象。茲舉一例以明間接宣布之策略。一九六四年十二月，美國國務院主張在歐洲建立多邊軍事武力 (Multilateral Force or MLF)。詹森總統反對建立此種武力，他不但在政府內部以備忘錄方式表示其意見和白宮的決策，且出示該備忘錄給紐約時報專欄作家勒斯登 (James Reston) 閱讀。勒氏於十二月二十一日發表部份的備忘錄。❼此項備忘錄發表後，其他反對建立多邊軍事武力的人士，可以振振有詞的公開引用紐約時報的消息攻擊贊成此議者。

㈢利用上級言論確定政策：政府官員間常有政策之爭，為了使本身之意見被接受，且被確定為政策，下級官員常利用上級官員之發言，以確定本身的提案。美國國務院主張建立歐洲多邊軍事武力，始於甘迺迪政府時代，早在一九六一年國務院就積極推動此說。一九六一年五月，美國國務院利用甘迺迪向加拿大國會發表演說之機會，在演說詞中加入一句：「美國正期待著建立北大西洋公約海上武力的可能性。假如各會員國有此意願，且認為可行，此一武力將接受多邊的所有權和控制權。」❽此語不但由甘迺迪親口說出，且國務院發言人在記者會中尚特別提出此語，以確定其地位，以便向北大西洋公約國家推銷此一計劃。

下級官員也常利用大眾傳播媒體刺激上級官員，使其不得不採取行動。一九六三年，越南吳廷琰政權被推翻，就是美國駐越官員利用新聞記者激怒甘迺迪之結果。當時美駐越大使洛奇 (Henry Lodge) 不斷供應吳廷琰政權貪污專制之資料給美國駐越記者，其中包括紐約時報記者賀伯斯坦（即「權力之所在」作者）和美聯社記者施亨(Neil Shee-

❼Philip Geglin, *Lyndon B. Johnson and the World*, New York: Praeger, 1966, pp. 174-176.

❽U.S. Dept. of State, *Bulletin* 44, 1145 (June 5, 1961): 841.

han)， 以激怒華府， 迫使白宮接受美駐越大使館之改變越南政權之建議。甘迺迪見新聞報導與洛奇大使之報告相同，可見吳廷琰專權確係事實，於是接受了國務院「改革」越南政府之建議。洛奇說：「透露新聞是大使的特權，這是我辦事的武器之一。」❾

　㈣直接宣布決策：最高當局或高級政府官員常向新聞記者直接宣布其決策，以影響其部屬對某事的態度。事先公開宣布其決策，並不保證其部屬的順從此決策，但至少可提高其可能性。支持此一決策的部屬也可以利用上級之宣布，加強其論點。有時，支持此一決策的部屬請新聞記者在記者會中特別提出此一問題，請當局重申其決策。

　㈤宣布疑似的決策：政府官員宣布本身所期望的當局決策，使人以為這是真正的政府決策。政府當局在「生米已成熟飯」的情況下，被迫接受。這種策略有時成功，有時失敗。

　例如，美國駐印度大使蓋爾布萊斯在印度召開一次龐大的記者會，宣布改變美對印技術援助計劃——集中在少數幾個項目中，少數幾個農業機構，減少人員。此一宣布使華府感到意外，但是華府機構複雜，各部門都以為是其他部門授權大使作此宣布，他的計劃得以順利推行。❿

　麥克阿瑟元帥常用此種策略。當他擔任駐日最高統帥時，華府當局一直不能早日舉行對日和約的談判，麥帥幾度催促之後，他召開記者會，在會中宣布「現在是對日和談的時機」，使華府大為不滿。另一次在韓戰期間，當杜魯門尋求談判停火的途徑時，麥帥公開呼籲北韓全面投降。麥帥是聯軍最高統帥，他的言論不免令人相信這是最高當局的決

❾Leon V. Sigal, *Reporters and Officials.* Lexington, Mass.: D.C. Heath and Co. 1973, p. 137.

❿John Kenneth Galbraith, *Ambassador's Journal.* Boston: Hanghton Mifflin, 1969, pp. 206-207.

策。麥帥因過份的使用此一策略，而招罷黜。

㈥宮廷政治的權力鬥爭：宮廷政治之複雜，自古已然，於今尤烈。無經驗的政治人物想盡辦法使自己的名字見報，自己的照片出現在電視螢光幕上。有經驗的政治人物想盡辦法使政敵的名字出現在不利的新聞上，使其失寵。此種策略的使用，中外都不乏成例。一九三四年，羅斯福總統任命李其柏 (Donald Richberg) 爲執政委會員 (Executive Council) 與國家緊急委員會 (National Emergency Council) 的主席。這是兩個內閣階級的委員會，處理國內事務。紐約時報的標題稱李其柏爲助理總統，權力超過內閣官員，事實上也有此趨勢。據當時的內政部長艾克斯 (Interior Secretary Harold Ickes) 的觀察，時報的消息和解釋是李其柏的僚屬提供的。⑪但由於過份的熱衷爲主管宣傳，招致惡果，羅斯福立刻發表聲明，稱李其柏不過是一個「趾高氣揚的傳達員」("An Exalted Messenger Boy")。李其柏的聲望權力一落千丈。

在臺灣的政治圈內，由於新聞界提早發表某人的任命，以致改變了某人的政治前途，也有成例。

㈦緊急上訴：下級人員由於時間的緊迫，無法通過正常的程序將自己的意見表達出來，引起上級的注意，改變上級的決策，只得通過大衆傳播媒體將此意見表達出來。此種策略如以私利爲出發點，往往招致失敗。如爲了國家的利益，可能獲得同情。一九五八年，美國新成立的太空總署擬將范布朗 (Wernber Von Braun) 所領導之一批火箭專家，從陸軍研究單位調往太空總署。此種調動在一九五九年元月一日前不需國會之同意。總統之批准已是意料中事。主持陸軍研究計劃的將領麥達

---

⑪Harold L. Ickes, *The Secret Diary of Harold L. Ickes.* New York: Simas and Schater, 1954, Vd. I. pp. 220-21.

里斯將軍 (Gen. John B. Medaris) 獲悉此事時，艾森豪已定次日批准此案，麥達里斯認爲循正常途徑已不能解決此事，直接上訴總統將受越級呈報的處分。他想起有一位可以信賴的新聞界朋友，時任巴的摩爾太陽報的記者，可以商洽。該記者 (Mark Watson) 認爲此事對陸軍很不公平，且不免中斷研究計劃，答應助一臂之力，立刻寫稿，次日見報，在艾森豪簽署該案前，他已接到無數的電報和國會議員的抗議，此案暫時擱淺。（若干年後，范布朗還是被調往太空總署，擔任助理副署長要職。）

在作策略性的運用時，要特別注意到目標份子的大衆傳播媒體之使用習慣。如果目標份子很少閱報，只看電視新聞，則設法在電視新聞上發表策略性的新聞。目標份子並非社會大衆，如果你的目的在引起外交部長的注意，而外交部長酬酢頻繁，無暇看晚間電視新聞，電視顯然不是一個適宜的頻道。忙碌的政治人物即使無暇看電視、閱讀雜誌、聽廣播，總會抽出時間閱讀報紙，或由僚屬準備新聞剪報，而且報紙可以較詳盡地報導一項爭論性的消息，這使報紙成爲策略性運用的最佳頻道。

四、一個成功的新聞秘書

有人說，現代的新聞操縱始於美國的艾森豪總統。上天給艾森豪兩大恩物，使他能有效地、迅速地與人民溝通。這兩大恩物是電視和他的新聞秘書海格提 (Jim Hagerty)。電視是大衆的恩物，只有海格提才是艾森豪獨有的恩物。

海格提擔任紐約州長杜威 (Tom Dewey) 的新聞秘書達九年之久，當杜威兩度問鼎白宮時，海格提也是主要的幕僚之一。海格提的父親 (James A. Hagerty) 是紐約時報的著名政治記者。海格提在一

九四三年成爲杜威的新聞秘書之前，也在紐約時報擔任記者達八年之久。海格提是一個典型的美國大報記者的寫照——抽烟、善飲、詞鋒銳利。除此之外，海格提具有控制新聞的天才，深諳羣衆心理。

海格提照顧新聞記者無微不至。他在任何時候都可接見記者，或在電話中答覆記者的問題——並且給予權威性的答覆。在艾森豪出國旅行前，海格提每打前鋒，安排記者的交通工具、通訊工具和食宿等。據說在一次海外旅行中，一位記者喝醉了酒，無法發稿，海格提代他寫稿交差。

海格提鉅細無遺地供應資料，不論艾森豪在何地，海格提都發布一大批的新聞稿，這表示總統卽使不在白宮，總統的工作仍照常進行。有一次海格提詳細的描述艾森豪睡的床，這引起專欄作家巴克華特（Art Buckwald）在專欄上寫下如此的對話，幽海格提一默：

記者問：「總統在就寢前和誰通電話？」

新聞秘書答：「他和國務卿通了電話。」

記者問：「他和國務卿說了什麼？」

新聞秘書答：「晚安，佛斯特。」（按：當時的國務卿是 John Foster Dulles）。

記者問：「國務卿向總統說了什麼？

新聞秘書答：「總統晚安。」

一九五五年的元月十九日是美國政治傳播史上的重要日子。是日，海格提允許電視記者拍攝艾森豪總統記者會的實況，但是白宮保留剪接權。這是不是新聞檢查？海格提認爲，這不是新聞檢查。這不過是「白宮保留控制總統的用語」權利。但是白宮從未使用此項特權。

海格提不但富有創意，且善於在危機中處理新聞。在他「發明」電視記者會的九個月之後，艾森豪患了心臟病，海格提面臨挑戰。

一九五五年九月二十四日，艾森豪在丹佛訪問時，突患心臟病。海格提時在華盛頓，立刻飛往丹佛。艾森豪在獲知海格提兼程來晤時，欣然地說：「好，告訴詹姆，馬上接管。」可見他對海格提信任之深。

海格提告訴醫師，在總統病危時期，他每天要舉行兩次醫療簡報。他要求醫師用一般人熟悉的字彙解釋病情，而非用醫學名詞作簡報。海格提邀請全美首席心臟病專家戴德利 (Dr. Paul Dudley) 到丹佛，購買了二十冊戴德利的心臟病名著，陳列在記者室，並在書中與艾森豪病情有關部份用紅筆劃出，以供記者寫稿之參考，可見他設想之週到。

海格提採取一貫的作風，詳細地供應消息，包括艾森豪所吃之土司的顏色，大便的顏色等。他的目的在使美國人民知道，總統的病情日有進步。他的方法果然奏效。

艾森豪得病的五天之後，海格提宣布，總統將於是日行使其職權。艾森豪當天在國務院任命名單上簽自己姓名的首字母 (initial)。第六天，海格提宣布，總統已有精力簽署全名。

不久，在醫師的許可下，艾森豪開始接見訪客。首先是副總統尼克森，次為國務卿杜勒斯，然後是其他的閣員。每人於晉見總統後，都在海格提的導演下，會見新聞記者。某次，司法部長向記者發表談話，他與艾森豪總統討論法院的改革方案。記者當然懷疑，總統那有精力討論此一複雜的問題，但是記者還是照報導不誤。這給人民的印象是，總統在病中仍然治理國事，海格提的目的已達。

艾森豪回到白宮，準備一九五六年的大選。海格提大功告成，可以鬆一口氣。不幸的很，在距離一九五六年共和黨大會僅有兩個月時間的緊要關頭，艾森豪又得病，這次患迴腸炎 (iteltis)。海格提這次採取不同的措施對付記者。他不再供應詳細病情，儘量減低病情的嚴重性。他甚至描述此病與感冒無異，無生命危險。杜勒斯國務卿在海格提導演

下稱，總統患有微恙 (indisposition)。

新聞記者開始不滿，海格提解釋：「總統的心臟病是人民所關心之事，人民有權獲知。但是我不認為迴腸炎會危害總統的生命。」

這是新聞掩飾的傑作。七個星期之後，海格提為艾森豪準備了一次記者會。艾森豪較前消瘦，說話遲緩，可是他圓滿地答覆了三十六個問題。「生活」雜誌評論說：「這也許是一九一三年威爾遜總統於就職典禮後所舉行之記者會以來，最坦白、最深入的總統記者會」。海格提又成功地處理了一次危機。

海格提說，他的工作是使他的老闆表演得像一個成功的總統。海格提在離開白宮後擔任美國廣播公司的副總裁。

五、結　論

無論在民主、專制或共黨國家，政治人物不免控制新聞。所不同的是民主國家的政治人物只能作有限度的操縱，他們操縱新聞的效果，很可能為政敵操縱新聞之效果所抵銷。在專制和共黨國家之新聞操縱是全面性的，一面獨脅的，不允許他人揷手其間。

民主國家的政治人物既愛且恨新聞記者。甘廼迪曾告訴他的幕僚：「永遠記住，他們的（新聞記者的）利益，和我們的利益終必衝突。」美國開國元勛華盛頓開革一位國務院的小職員，因他主編一份不友好的刊物。即使力主新聞自由的傑佛遜，在總統任內也想拘禁幾個新聞記者，但是他事後說：「新聞自由是一項無藥可救之弊病，我們的自由端賴新聞自由來維繫，我們不能限制新聞自由，而不失去新聞自由。」此

---

⑫ Giovanni Sartori, "Politics, Ideology, and Belief Systems," *American Political-Science Review*, 63 (June 1969): 398-411.

語導出民主之眞諦。

　　政治是一種藝術，新聞之運用更是一種藝術。李普曼的塑造民意，海格提的操縱訊息，都是新聞運用的登峯造極的表現。海格提任杜威州長的新聞秘書時，建議杜威緊接在羅斯福總統廣播演說後，買下二十分鐘廣播時間，由杜威反駁羅斯福言論，如此可以抓住收聽羅斯福廣播的全面聽衆。沒想到羅斯福只在他預定的卅分鐘廣播中說了二十分鐘，他也不告訴聽衆演說完畢，全國聽衆在收音機上轉動指針，希望能發現羅斯福的聲音，結果大爲氣餒。廣播公司因羅斯福的民主黨已預付卅分鐘時間的費用，也無權將餘下的十分鐘廣播任何其他節目，因此造成十分鐘漫長的空檔。等到杜威的廣播時間到時已經無人收聽他的演說了。新聞操縱運用之妙存乎一心。杜威固巧，羅斯福技高一籌，眞是人上有人，天外有天！

第六章　政治傳播與民意

一、意　見

　　民意的重要，早經中外先哲發現，曾虛白先生在「民意原理」第一講中已有詳細的介紹。❶

　　羅威爾（A. Lawrence Lowell）於一九一三年發表的「民意與民主政府」（Public Opinion and Popular Government）❷和一九二二年李普曼著的「民意」（Public Opinion）❸是研究民意之經典著作。這兩書的問世，使民意的研究在社會科學中受到普遍的重視。七十年來，民意已成為政治學家，社會學家，心理學家，大眾傳播學家研究之對象。

　　在討論民意之定義、形成和特徵前，應先研究「意見」。什麼是意

---

❶曾虛白著，民意原理，臺北市新聞記者公會，新聞叢書第二十八册，民國六
　十三年九月一日初版。

❷A. Lawrence Lawell, *Public Opinion and Popular Government,*
　London Longmans, Green and Co., 1913.

❸Walter Lippmann, *Public Opinion* New York: The Macmillan Co.1922.

見？寧謀從政治傳播的觀點出發，認爲意見就是活動（Opinions are activities）。❹人民以行爲表達其意見，如投票，投書報紙，寫信給民意代表，遵守法律，或不遵守法律，示威遊行，捐款給候選人。有時不採取行動，也是意見的表達，如不投票。簡單而言，意見的表達，經過三個步驟——心象，解釋和行動。李普曼認爲，人類吸收客觀事實，在他的腦子裏構成心象，再根據心象對客觀事實作某種反映。因此他認爲人類腦中的心象是解釋客觀事實，形成意見和採取行動的主要因素。玆就政治傳播學之觀點，分析於下：

㈠個人心象：主要的思想，感情和傾向構成個人對政治的心象。這種心象有其功能。第一，無論個人對政治的認識是否正確，是否完整，此種心象幫助個人瞭解政治的特殊事件。例如，假如這個人對行政部門和立法部門之關係，有若干的認識，這種認識可幫助他瞭解爲什麼經濟部長要列席立法院，接受質詢。第二，個人的政治心象是評定政治目標的基礎，例如主張公平選舉的人，必然會贊同政府戢止賄選的政策。第三，個人的心象決定此人的人際關係。例如具有強烈愛國心的留學生，自然會與其他愛國的留學生來往，或參加留學生的愛國活動。又如主張禁賭的人，很自然地會發現作同樣主張的人，是志同道合的朋友。

因此，個人的政治心象幫助瞭解、評論和認同政治事件、思想、主義和領袖。此種心象提供了主觀的理由去接受或排斥政治事件、思想、主義和領袖。它也提供了主觀的理由去採取或不採取行動。人類固然有理由採取行動，人類也有採取行動之需要，這是人類生活需要之部分。

馬士樂（Abraham Maslow）認爲人類有五個層次的需要：❺

---

❹Dan Nimmo, *Political Communication and Public Opinion in America,* Stanta Mconica. CA.: *Goodyear Publishing Co.* 1978. p. 227.

❺Abraham H. Maslow. *Motivation and Personality.* New York: Harper and Row. 1954.

㈠生理之需要：衣、食、住、空氣、水、生育等。

㈡安全之需要：確保社會福祉，免受攻擊之安全。

㈢愛情與親情之需要：感情，與歸屬之需要。

㈣被人尊重之需要：個人存在之社會價值。

㈤自我實現之需要（self-actualization）：自我滿足感，有控制自己的環境和命運之能力，和實現願望之能力。

　　僅僅是心象並不能滿足人類需要。具體的物質如食物、衣服、房屋等是滿足人類需求的基本物質。人類在能够以個人之能力滿足其需求時，不會求助於政治。但人類的需求受到嚴重之威脅，無法以個人之能力滿足其需求時，往往通過政治傳播，交換訊息，建立社會秩序，以滿足生理、社會和心理之需要。政治是減輕社會混亂和威脅的方法之一。

　　在政治傳播之過程中，個人之心象尋求以社會秩序代替混亂和威脅。政治領袖也利用人類尋求安全之需要，以政治傳播的方法，滿足（至於在心理上）人類之需求。儘管數百萬的美國工人遭受失業之痛，儘管物價繼續上漲，美國總統仍然宣布，「吾人已渡過經濟危機」。儘管柏林危在旦夕，希特勒仍宣稱，「柏林固若金湯」。這類的政治傳播，固不能滿足有形的物質需要，但符合個人的心象，在心理上提供安全感。

　　下列幾種因素對個人政治意見之形成頗有影響：

　　㈠內在性向（inner states）：這包括性格、態度傾向、情緒、需要、慾望、動機、習慣，以及其他一般性的心理和生理因素。

　　㈡人口特性：這包括年齡、性別、種族、居住地、社會階層（如所得，教育程度，職業等）等。

　　㈢社會特性：這包括個人的群屬關係，如家庭、親友、同事、敎會等。

㈣法律因素：這包括政府組織、法律、規範、法規、章程，以及守法和不守法所應付出之代價等。

㈤黨派偏愛：許多人對政黨、思想、主義有長期的信仰或偏愛，這對個人政治意見之形成顯然有莫大之影響。

㈥傳播：這包括政治傳播訊息之來源，媒體，個人所接觸之政治傳播者的說服技巧等。

㈦政治對象：個人表達政治意見之對象——人、事、物等——是政治意見之核心，也是引發個人表達政治意見的原因。

㈧政治環境：個人發表政治意見的時空環境，不但影響政治意見之內容，且亦影響其強弱之程度。時空環境之變遷，影響政治意見之改變，其理至明。

㈨選擇之範圍：個人對政治意見之表達有贊成、反對、中立、無意見之選擇，其表達之方式也有投票、助選、捐款、暴動之選擇。選擇之範圍愈大，政治意見表達之方式也愈複雜。

顯然的，尚有其他因素可以影響個人意見之形成及其表達之方式。因此，吾人極難指出那種因素，或那幾種混合的因素對個人意見之形成最具影響力。每種因素都影響個人對政治人、事、物之解釋。「解釋」並非聯繫心象與政治行為的機械零件。解釋實際上扮演着一個積極的角色，通過解釋個人運用其思想、感情、觀察其周圍的環境，形成其個人的政治意見，而政治意見又是政治行為的根據，故其過程是心象——解釋——意見——行為。

二、信念、價值和期望

任何意見都含着三種主要的組成分子——信念、價值和期望。

個人對某一事件的相信程度決定兩事之間的關係和人事關係。例如，相信雷根具有總統才能的人，決定它與雷根以及雷根政府之關係。但是相信之程度有深淺，從不可動搖的信仰到全然不信。相信程度也因人而異。同樣相信在我們有生之年核子武器將毀滅全人類的人，其行爲的表現可能迥然不同。一人可能過着正常的生活，另一人盡情的享受，宛如明日就是世界的末日。

哲學家早已討論信念之來源，英哲培根認爲個人有四種偏見（idols）❻：

㈠由於人之本性或人類社會組織而生之偏見，稱之爲 idols of the tribe.

㈡個人的世界是偏見的主要來源，這種偏見稱之爲 idols of the cave.

㈢社會的交往是人類偏見的因素之一，這種偏見稱之爲 idols of the marketplace.

㈣由傳統信仰而生之偏見，稱之爲 idols of the theater.

皮爾士（Charles S. Pierce）認爲，當人類因懷疑而產生緊張，往往求助于無所懷疑的信念，接受他人的言論，或以經驗和理性重新探究現有的信念。❼

邊謀（Daryl Bem）將信念分爲初級的信念（primitive belief）和高級的信念（higher belief）。初級的信念指一切視爲當然的事，

❻Francis Bacon "Novum Organum," in Edwin A Burtt, ed, *The English Philosophors from Bacon to Mill,* New York: The Modern Library, 1939, pp.34-35,

❼Charles S. Pierce, "The Fixation of Belief." in Philip P. Wiener. Ed., *Values in a Universe of Chance Selected* Writings of Charles. *Peirce* Garden City, N.Y.: Doubleday Anchor Books, 1958, pp.91-112.

幾乎不注意它的存在。如嗅覺、視覺、聽覺和觸覺之存在，吾人視爲當然，幾乎不注意這幾種官能的存在。但是官能的經驗是信念的來源。培根認爲，這是因本性而生的偏見，但對一般而言，百聞不如一見，卽西諺所謂的 seeing is believing。各國研究報告普遍的指出，一般人民認爲電視是最可靠的政治消息的來源，原因也在於此。邊謀指出，另一種主要的初級信念是人類有無條件地接受外在權威之趨向。以培根之理論解釋，這種趨向是社會交往的偏見和傳統信仰之偏見的混合。如邊謀所說，吾人不但直接地感受外在的世界，且亦被告知外在的世界。他說：「因此，看不見的上帝，遠離的祖母，以及蛀牙的威脅等信念，也首先進入兒童信念之系統」。❽我們也可補充，基於同樣的因素，權威的人物如老師、警察、法官、議長、主席、總統的形象，也進入一般人的信念系統中。

初級信念的特徵係其信念乃無可懷疑的。人的思想隨年齡的增長而複雜，其信念也從單純而複雜，以往視爲當然之事，如今發生懷疑。人之思想也隨教育程度的提高而複雜。年事較長且有相當教育水準的人，不會說：「我知道，我們業已渡過經濟危機，因爲這是經濟部長說的。」他們不再單純的接受經濟部長的聲明，他們會以其他資料，加上本身的知識和經驗，判斷經濟危機是否過去。這就是邊謀所謂的高級的信念。

價值與個人心象的感情內容有密切關係。人類用此評價自己、他人以及環境。有如信念，價值之觀念也有喜惡、强弱之分。心理學家蘇尼文 (Harry Stack Sullivan) 認爲，價值觀念源自人類兩種需求：㈠滿足生理與心理生存之需求，㈡獲得他人認可之需求。❾ 拉斯威爾

❽Daryl J. Bem, *Beliefs Attitudes, and Human Affairs.* Belmont, Calif.: Brooks Cole Publishing Co. 1970, p.7.

(Harold D. Lasswell) 和肯布蘭 (Abraham Kaplan) 將價值分爲兩大類: ㈠福利價值 (welfare values) 包括追求福祉, 財富、技能和敎育之價值觀念; ㈡尊重價值 (deference values) 包括追求名望、尊敬、感情、權力等價值觀念。❿

　　福利和尊重價值與滿足生存及安全的需求有關。他們也是終極價值和目標。他們是人類追求的目標——目標價值，而非用以達到目的之手段——手段價值。根據一九六〇年代的研究，美國人列舉十八項目標價值，包括舒適的生活、刺激的生活、平等美好的世界、和平的世界、家庭安全和自由等。美國人的手段價值包括進取心、開明、才能、寬恕、想像力、誠實、負責、合理、服從等。在目標價值中和平的世界被列爲最重要一項，次爲家庭安全和自由，最不重要者爲刺激的生活。在手段價值中誠實、進取心、負責爲最重要者，最不重要者爲想像、合理和服從。⓫

　　心理學家羅奇區 (Milton Rokeach) 認爲從個人的價值觀念可發現其政治意見。他用內容分析法研究社會主義者湯姆斯 (Norman Thomas)、傅倫 (Erich Fromm)、納粹領袖希特勒、俄國革命領袖

❾Patrick Mullaby, *Psychoanalysis and Interpersonal Psychiatry:* The Contributions *of Harry Stack Sultian.* New York: Science House 1970.

❿Harold D. Lasswell and Abraham Kaplan, *Power and Society* New Haven: Gale University Press, 1950. Ch. 4.

⓫Milton Rokeach and Seymour Parker, "Values as Social Indicaters of Poverty and Race Relations in America," *The Annals of the American Academy of Political and Social Science,* 388 (March 1970): 97–111; Milton Rokeach, "Change and Stability in American Value Systems, 1968–71," *Public Opinion Quarterly,* 37 (Summer 1974): 222–38.

列寧和美國保守派參議員高華德之言論。他發現在社會主義湯姆斯和傅倫兩人的言論中，自由和平等的價值最受重視。希特勒貶低兩者的價值。在「我的奮鬪」中，自由的重要性列為第十六位，平等排名第十七位。在列寧的論著中，平等最受重視，自由最不受重視。在高華德的「一個保守主義者的良知」(Conscience of a Conservative) 中，自由最受重視，平等排名倒數第二位。⑫

人類又根據信念和價值觀念憧憬未來──期望。期望是意見組成之第三種要素。

人類根據以往之經驗，設計今日行動，期能達成某種願望。換言之，通過期望，人類把過去、現在與未來聯繫在一起。期望的實現與個人的刺激、慾望、意志與努力有密切之關係。

個人之期望是政治傳播中極其重要之部分。吾人往往根據期望判斷政治人物之表現，評定政治事件之是非。當個人對某一政治人物之期望高，而該政治人物之表現不能達到此一期望時，個人對此人物不免失望；當期望低而該政治人物之表現超過此一期望時，個人難免喜出望外。因此政治競選時，候選人往往設法降低選民對他的期望，以免使選民失望。有經驗的候選人往往告訴選民和幹部，選戰緊張，票數相距有限，吾人應珍惜每一張選票。無經驗的候選人吹噓勝券在握，結果支持者認為，少投一票也無關緊要，往往慘遭滑鐵盧，此例中外政治史屢見不鮮。尤有進者，在選民期望高的情況下，候選人卽使獲勝，但不達其期望之標準，選民仍難免失望，對候選人重新評價。選民認為此人的政治潛力不如想像之大，在候選人心目中他仍是一個失敗者。

---

⑫ Milton Rokeach, "A Theory of Organization and Change Within Value Attitude Systems" *Journal of Social Issues,* 24 (Jan. 1968): 13–33.

　　美國大學球隊的教練在重要球賽前常先製造消息，如隊員負傷纍纍，因時差關係，隊員生理不適應，甚至說本隊缺乏傑出球員等，以降低球迷的期望，贏則喜出望外，輸則早在意料中，教練永遠立於不敗之地。

　　一九七六年雷根與福特競選共和黨提名，在新罕布夏州初選時，雷根總部宣布如果雷根能獲得百分之四十票數，卽認為競選成功。華萊士採取同樣的策略，他宣稱他不期望在麻薩諸塞州獲得百分之八以上的票數。候選人以低姿態出現，雖然表現甚差，仍不招致支持者的失望。

　　大眾傳播媒體對候選人期望過高，會造成候選人雖勝猶敗的局面。玆舉一例，一九七二年民主黨初選戰的前期，民主黨候選人穆士基看好，新聞界一致認為，穆士基是領先者（front runner），且預測穆士基會在新罕布夏州初選中大勝。一九七二年元月份的民意測驗顯示，穆士基可得該州民主黨票數之百分六十五。華盛頓郵報評估穆士基至少應在該州得百分五十之民主黨票數，才能算是勝利。在六人競選的局面下，要得百分五十之選票，談何容易！但是期望業已造成，穆士基實得百分四十六之選票，已屬不易。然而，支持者大失所望，新聞界認為，穆士基表現甚差。麥高文僅得百分三十七選票，超過選民之期望，結果勝利者穆士基遭受「重大的創傷」，一蹶不振。失敗者麥高文獲得「大勝」，從此選戰無往不利，獲得民主黨提名。

　　從以上的分析中，我們發現個人的意見中滲雜着個人的信念、價值觀念、和期望。個人對人、事、環境之反應，不是單純的信念反應，單純的價值觀念，或單純的期望之反應，而是三者混合之反應。這種反應有時並非邏輯的、理性的反應。

　　因此，個人根據由信念、價值和期望所組成的系統，並不能一貫性地表達合乎邏輯的意見。個人的意見經常前後矛盾，不合邏輯，也缺乏理性。相反地，個人往往根據一時的喜惡，一時的政治利益，一時的

權宜措施發表政治意見。在這種情形之下，個人把由信念、價值和期望
所組成之系統暫時孤立。個人所信仰的與他所發表之意見，並不一定相
符。某人可能反對同性戀，但在爭取同性戀者之選票時，可能發表迎合
同性戀者利益之言論。

同時信仰系統所涵蓋之內容也有大小強烈之分。三民主義、共產主
義、納粹主義、天主教義等類之信仰系統幾乎包括所有的信念與非信
念，和所有的價值觀念和非價值觀念。這類信仰是一部分人類的中心思
想，一旦發現生平所信仰之主義，無法付諸實行，或實行之後也不能達
到所期望之效果，不免灰心失望，掉進痛苦的深淵。

信仰的系統有開放的，也有封閉的。具有開放信仰系統的人可以獨
立的判斷某一事件的可信性和可以接受之程度。例如，具有開放信仰系
統的選民可以候選人的政見和政績接受或反對某一候選人，不以該候選
人之黨籍為其抉擇之依據。相反的，具有封閉信仰系統的人，就無法獨
立判斷事件，無法將事實與信仰分開，無法將政績和黨籍分開。

沙圖里 (Giovannd Sartori) 根據開放與封閉的信仰系統，以及
強烈的與微弱的信仰系統將信念與價值的組合分成四大類：

㈠封閉的信念與強烈的價值觀念，構成牢不可破的信仰系統。

㈡封閉的信念與微弱的價值觀念，構成彈性的信仰系統。

㈢開放的信念與強烈的價值觀念，構成堅定的信仰系統。

㈣開放的信念與微弱的價值觀念，構成具有伸縮性的信仰系統。

沙圖里分析，以意識型態為出發點的信仰系統，屬於第一類型。這
與第四類型的信仰系統——實用主義者的信仰系統——恰恰相反。

寧謀根據沙圖里的分析，設計下列圖解：

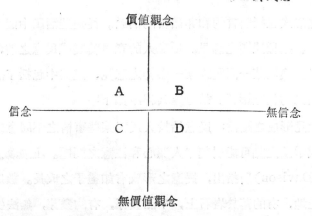

橫軸代表信念，一端爲極强烈的信念，另一端爲無信念。豎軸代表價值觀念，一端爲極强烈的價值觀念，另一端爲無價值觀念。每一個人多多少少都可能具有四種的組合。例如，一位在開發中國家的政府發言人，具有强烈的新聞自由之價值觀念，也堅決相信新聞自由政策在他的國家內可以實行，這是屬於A類的組合；如果這位官員具有强烈的新聞自由的價值觀念，但不相信新聞自由之政策可在他的國家內實行，這屬於B型的組合；如果這位官員認爲，在他的國內可能實行新聞自由的政策，但他個人反對新聞自由的價值觀念，這屬於C型的組合；如果這位官員反對新聞自由的價值觀念，也認爲不可能在他的國內實行新聞自由之政策，這是屬於D型的組合。

我們也可將前面的圖解改爲信念與期望的組合，或價值觀念與期望的組合。期望在意見之形成中，具有極重要的功用。欲進一步瞭解民意的性質與組成，吾人必須瞭解民意形成之過程。

三、民意構成之過程

研究民意之構成，應從私見（private opinion）之形成入手。私

見表達之形式包括語言的和非語言的活動。從這些活動中個人表達其對某種事物、某種問題之意見。從私人的意見轉變成民意之前，個人與個人間務必交換對某一問題或某一事物之意見，這其中包括了個人、社會與政治活動的相互影響。茲分述其程序如下：

㈠意見形成之階段：民意始於人民對某些事情之不同意或爭論，其不同意或爭論之點可能引起衆人關心和注意之問題。正如戴維森（W. Phillip Davison）所指出，民意之形成有如種子之成長。數以千計之種子撒於土地，有的落於岩石上，不能發芽，有的發芽，無法生根，隨卽死亡；有的生根因缺乏水份和陽光，不久枯萎；只有少數的種子在種種條件配合之下發芽、生根、茁壯。人類的社會中存在着無數的不同意與爭執之點，有的是一二人之間對某一事件或問題之爭執，不受他人的關心與注意，有的受到少數人之關心與注意，不受多數人的關心與注意，這些意見隨卽消失，只有極少數的爭執，經社會大衆的交換意見相互討論，相互影響之後，才逐漸地形成民意。民意形成之後已非個人之意見，它是集體活動的產物。 ⓭

杜威（John Dewey）曾對私人的爭論如何演變成大衆關心的問題，作如此之解釋：

首先應有客觀事實之存在。人類對某一客觀事實之行為的反應，引起影響他人生活之後果，此項後果如被察覺，他人必設法控制某種行為的反應，以引起某種後果，或避免引起某種後果。通常有兩種後果之產生：甲，影響直接參與者之後果；乙，影響非直接參與者之後果。當個人的意見成為民意之時，個人所關心之爭執，已成為社會大衆所關心

⓭W. Phillips Davison, "The Public Opinion Process." *Public Opinion Quarterly,* 22 (Summer 1958): 93.

之爭執。⑭

　　因此，民意構成之第一階段是少數人對某一事件或問題之爭執的存在。第二階段是在這少數人中出現一領袖人物，宣傳爭執之點，使其受廣大民衆之注意。在政治傳播中，當一位政治領袖之意見，不能爲他所接觸之人士接受，往往「將意見訴諸民意」。美國總統的全國性的電視廣播，就是典型的一招。雷根的預算案在國會審查中遭遇困難時，他向全國人民廣播，希望獲得民意的支持，使國會在民意之壓力下，通過雷根的預算。政治領袖將個人的意見訴諸民意時，經常簡化爭執之點，用動人的口號，簡單的符號引起人民的注意。

　　在領袖人物通過人際傳播、大衆傳播和組織傳播，使廣大的民衆對某爭論點引起注意之後，民意之構成進入第三階段——個人的解釋。我們已經指出，通過解釋，個人對爭論之點加以考慮，以自己的心象解釋爭論之點。通過解釋，個人推想他人對此爭論之點的想法感受和可能的反應。個人利用人際傳播、大衆傳播和組織傳播的頻道，發現他人的意見。在相當短的時間內，個人發現他人對某一問題之意見和可能之反應。基於不同意見之存在，個人選擇最能被自己接受之意見（the most receptable opinion）。再以此一意見作標準，衡量其他之意見，遠離此一意見爲最不被接受之意見（the most unreceptable opinion），介於兩者之間爲不確定之意見（the uncommitted opinion）。總之，在這一階段，個人通過解釋發現他人之意見，並發現何種意見最接近本人之意見。

　　有了這種判斷之後，這就進入民意構成的最後一個階段——調整個人之意見，以適合廣大的民意。在這個階段，個人決定是否發表眞正的

⑭John Dewey, *The Public and Its Problems*. Denver: Alan Swallow, 1927, p.12.

個人之意見，或隱藏個人之意見。由於個人的意見，並不一定是最能被大衆接受的意見，因此有人隱藏個人之意見，所發表者僅是迎合大衆之言論。諾爾—紐曼 (Elizabeth Noelle-Neumann) 認爲，一般人是否願意公開發表其意見，端視個人對其周圍的環境之估計而定。她說：「假如他相信，他的意見已經佔了優勢，或將佔優勢，公開發表其意見之可能性則大。反之，假如他相信，他的意見已不受支持，發表其意見之可能性則小」。⓯

因此，假如一個人發現，他本人的意見與大衆意見的趨勢和氣候 (climate) 相符，他很可能公開發表其意見。反之則隱藏自己的意見，甚至於發表他認爲能被大衆接受之意見。這種行爲就是本章前文所說的滿足安全需要之行爲。人類爲了不被社會孤立，往往說能被社會大衆所接受的話，做能爲大衆所接受的事，其結果就引起了諾爾—紐曼所謂的「沉默的螺旋」(spiral of silence) 之現象，越來越多的人噤若寒蟬，顯然地增加了似已被接受的多數人的意見，更削弱了少數人的意見。因此，本來僅僅是少數人的意見，由於公開的發表，彼此呼應，聲勢浩大，給人一種代替大多數意見之印象。代表沉默大衆之意見，反而不受重視。美國憲法起草人之一麥迪森 (James Madison) 早在十八世紀就指出，個人之意見對個人行爲之影響大小決定秉持此種意見人數之多寡。人居於少數時，其行爲往往懦怯膽小；人居於多數時，其行爲則堅強，具有信心。⓰

總之，意見構成經過四個階段：(1)爭論之出現；(2)領袖之出現；(3)

⓯Elizabeth Noelle-Neumann, "The Spiral of Science: A Theory of Public Opinion, "*Journal of Communications.* 24 (Spring 1974): 45.

⓰James Madison, *The Federalist* New York: The Modern Library, 1937 p.329.

解釋；⑷表達私人意見之意願。

　　㈡民意之特性：前文已談及私人意見之特性，即內容（對某事之意見），方向（贊成——反對；相信——不相信等），和強度（強、中、弱）。此外，民意也具有其他特性。第一，民意也有內容、方向和強度。第二，民意具有爭論性 (controversy)，有不同的意見之存在，才有民意，如果所有的人都持相同的意見，民意無從形成，也無需形成。第三，民意必有後果，民意對參與及不參與爭論的人都有直接和間接之後果。第四，民意有相當的持續性和時空性。至於民意能持續多久，視事件的爭論性而定。以美國而言，冷戰是一九四〇和五〇年代民意的中心，民權是一九五〇和六〇年代民意的中心，越戰是一九六〇和七〇年代初期的民意中心，水門事件是一九七〇年代民意之中心，經濟問題是一九八〇年代初期的民意中心。民意因時因地而異。在一九六〇和七〇年代的臺灣人民對越戰之意見，不同於同一時代的美國民意。水門事件若在其他國家發生（事實上時常在其他國家發生）是否能成為人民爭論的中心，值得懷疑。

　　最後我們必須指出，民意不同於羣眾的意見，羣眾的意見是一羣無組織的人的一時的意見，它對每一個人的影響力是短暫的，蓋羣眾的意見缺乏持久性。民意也不同於團體的意見，政治大學學生的意見並不一定代表民意，礦工工會的意見也不一定代表民意。更重要的是，民意測驗結果所發表的民意，也並不一定代表真正的民意。民意測驗的結果是「合計的意見」(aggregated opinion)，而非個人信念、價值和期望，經過相互交流、相互影響之後的集體表達。民意固不同於前述三者之意見，民意也可能以前述三種意見的方式出現。

四、政治文化與民意

許多西方政治學者認爲「國民的特性」（national character）是民意構成的重要因素。國民特性源自國家的地理環境、種族、疆域、歷史、和政治制度。國民特性是無法衡量，也是無法觀察的。英國政治學者巴克（Ernest Barker）指出，由於國民特性的不同，各國國民的政治行爲亦異[17]。一九八二年四月阿根廷佔領福克蘭羣島（Falkland Islands），英國首相佘契爾夫人宣稱不惜任何代價收回福島，這時兩國人民所表現的政治行爲迥然不同。阿根廷人民羣情激昂，青年人登記入伍，準備爲保衞福島而戰。英國人民的表現則謹愼保守，除了流露愛國的情緒外，人民懷疑是否值得用兵，一個海軍陸戰隊士兵的年輕妻子，在接受電視訪問時，居然發言：「如果我的丈夫死在福島戰爭中，我永遠不會原諒我們的政府」。

與國民特性理論非常接近之理論爲政治文化理論。此一理論指出，政治文化影響民意，政治文化影響政治領袖的行爲和決策。什麼是政治文化？政治文化的特性爲何？

政治文化之定義很多。亞蒙（Gabriel A. Almond）說：政治文化是「政治行動方向之模型」（Pattern of orientations to political action）。因此，政治文化包括廣大人民共有的政治信念、價值和期望之模型。政治文化之模型具有相當的穩定性，但其模型不斷地在重組中。

比爾（Samuel Beer）用兩種觀念來討論政治文化的內容。第一、

---

[17] Ernest Barker, *National Character* London: Methven Company Ltd. 1948.

權威的觀念 (conceptions of authority) 指政府權威之如何產生。如政府行政首長和立法議員如何由民選產生。第二、目的的觀念 (conceptions of purpose) 指政府權威之如何運用，爲何運用 （運用之目的），例如政府應設立國防、建設公路、送遞郵件等。

基於這兩種觀念，美國政治學者研究美國政治文化與他國政治文化不同之處。一九五〇年代的末期一羣政治學者在美國、英國、西德、意大利和墨西哥五國研究各國國民對下列四項政治對象的認識、感覺和判斷: ⑱

㈠該國之一般政治制度，包括歷史、面積、地理位置、權力、憲法等。

㈡制定政策的方法以及人民參政之程序。

㈢制定政策的種類和政策對人民之影響。

㈣政治人物的影響性和影響力。

這項研究發現三種型式的政治文化:

㈠**狹窄的文化 (Parochial Culture)**：人民對政治的知識和感觸均有限。換言之，人民對於制定政策方法，參政之程序，政策之影響力等所知有限。

㈡**服從的政治文化 (Subjects Culture)**：人民對本國政治制度有相當程度之認識，且對本國政治也抱着熱愛的態度。但他們認爲，人民的任務是服從政策，而非影響政治。

㈢**參與文化 (Participant Culture)**：人民對政治抱着積極參與之態度，並認爲他們可以影響政策之制定。

這項研究之結論指出，美國之政治文化是參與的文化，主要的事實

---

⑱Gabriel A. Almond and Sidney Verba, *The Civic Culture*. Princeton: Princeton University Press. 1963.

有:

㈠人民對美國的憲政制度感到無比的驕傲。

㈡人民參政的觀念與任務業已高度發展和推廣。人民經常「暴露」

　　於政治，討論政治，參加政治事務。

㈢一般而言，對於政府之表現感到滿意。

㈣人民相信，他們有能力影響政府。

艾拉沙 (Danicl J. Elazar) 更進一步研究美國政治文化中的特殊文化 (subculture)。艾拉沙分析美國在政治上有三種特殊文化: ⑲

㈠**個人主義的特殊文化**: 在個人主義者的觀念中，政府的目的在保護個人的自由，增進個人的社會與經濟之福祉。權威寄託於職業的政治人物和商業利益。個人接受已定之政策，但不積極地參與制定政策。

㈡**道德主義的特殊文化**: 在道德主義者的觀念中，政府之目的在增進全民共同的利益，而非特殊階級的私人利益。道德主義者的基本權威觀念乃全民參政。

㈢**傳統主義的特殊文化**: 政府的目的在保障少數精華份子的既得利益和已建立之社會秩序。精華份子有「權利」使用權威。

一般而言，美國的政治文化重視民意，重視參與政治的觀念。

政治文化的內容包涵人民對權威與目的之觀念。政治文化也意味着某種層次的人民政治意見的一致性(political consensus)。一般而言，人民所秉持的政治意見是抽象的、模糊的信條，這與一般人民的日常生活的關係非常遙遠。例如美國憲法的權利典章 (Bill of Rights) 是美國人民一致信奉之政治信條。 一九四五年美國甫經大戰， 挽救世界人民的基本權利後， 祗有五分之一的美國人知道權利典章所包括的內容

---

⑲Daniel J. Elazar. *American Federalism: A View from the States,*
　New York: Thomas Y.Crowell, 1966.

⑳。其次，由於人民所信奉者是抽象的信條，這與他們日常生活關係甚少，因此人民所信奉者，與他們所實行者常有矛盾之處。例如美國人民信奉多數決的原則，但又認爲祇有納稅人才能投票決定賦稅政策。㉑

但是，人民之所信與所爲符合之處，畢竟多於矛盾之處。第凡恩 (Donald Devine) 指出，此乃政治文化之薰陶之結果。他認爲，我們應從四方面來認識政治文化的特性：㉒

　　㈠人民認爲他們是國家社會的一份子。因此政治文化應有國家的屬性感。人民不但應認爲他們的國家有其獨特性，並應對國家有根深蒂固之感情。例如所有中國人對「中國」「中華」的認同，對「中國」「中華」具有深厚的感情。

　　㈡人民接受若干共同的象徵物。如國旗、國歌、共同崇拜的英雄人物等。

　　㈢極大多數的人民同意政府應如何組成，政府應如何治理衆人之事，如尊重憲法爲基本國法，尊重法律的尊嚴，尊敬民選的行政首長和民意代表等。

　　㈣人民同意基本的價值和目標，如同意人生而平等，人民應享有基本人權等。

　　總之，政治領袖對政治文化應有基本的認識，有效地和人民溝通，

---

⑳Survey, National Research Center, Nov. 1945.

㉑James W. Prothro and Charles M. Grigg. "Fundamental Principles of Democracy: Bases of Agreement and Disagreement." *Journal of Politics*. 22 (Spring 1960): 276-94; and Herbert McClosky. "Consensus and Ideology in American Politics." *American Political Science Review*, 58 (June 1964): 361-82.

㉒Donald Devine. *The Political Cueture of the United States*, Boston; Little Brown and Co.

提昇政治意見的一致性，擴大政治意見的和諧，減少政治意見的磨擦，以增加人民對政治領袖的信心，對政府的信任，這是政治傳播的最高目標。

第七章　政治傳播與人際傳播

一、個人對政治之影響

　　人際傳播（interpersonal communication）指二人或多人之間在面對面的情況下從事口頭傳播。在前面幾章中，我們談到政治領袖的辯辯才能，意見的領袖在大衆傳播過程之地位，這也都屬於人際傳播的研究範疇。辯辯才能是構成政治領袖的條件之一。至於意見領袖，他們不但在消息傳播的過程中扮演重要的任務，且對政治領袖之決策有極重大的影響。就消息傳播而言，大部分的人民是從意見領袖處得到政治消息。大衆傳播的研究發現，政治消息越重要，人際傳播的功能也越重要。●支持此一理論者舉下列各例爲證。一九四五年四月十一日羅斯福

●Richard J. Hill and Charles M. Bonjean, "News Diffusion: A Test of the Regularity Hypothesis," *Journalism Quarterly,* 41, (Summer 1964): 342; Elihu Katz and Paul F. Lazarsfeld, *Personal Influence* (New York: The Free Press of Glencoe,1955). pp. 32-34; Steven N. Chaffee, "The Interpersonal Context of Mass Communi-

去世時，百分之八十五的美國人是從其他人得悉此一消息，而非直接從大眾傳播媒體獲得此一消息。一九六三年十一月，甘廼迪遇刺時，從個人的接觸獲得此訊者，較從大眾傳播媒體獲得此訊者爲多。

　　但是我們發現其他例子不能支持上述的理論。例如於一九五七年，蘇俄發射第一個人造衞星，百分之九十的美國人是從大眾傳播媒體獲得此訊。無論如何，人際傳播在政治消息的傳播過程中，佔有極重要的地位，縱非支配性 (dominating) 的地位。

　　除了消息的傳遞外，人際傳播在政治傳播中佔一重要之地位，是因爲許多政治決策是在人際傳播的過程中達成的。政治人物在政治談話中和政治談判中，交換消息，解釋彼此的政治立場，達成協議，或同意有「不同意」 (agree to disagree) 之存在。政治人物在議會中，在會議室中，在游泳池畔，在遊艇上，在飛機中，在散步時，甚至在洗手間作政治談話。拉斯威爾 (Harold D. Lasswell) 和肯布蘭 (Abraham Kaplan) 認爲，在非正式的場合中，運用政治符號所獲得之效果，較之在正式場合中所獲得之效果爲大。而且，在非正式的場合，政治人物的談話較之正式場合中的談話，更接近事實。❷尼克森在水門事件中與僚屬的談話是最好的例子。根據美國廣播公司電視網於一九八二年六月十七日——水門事件的十週年——的報導，聯邦陪審團和水門事件的特別檢

cation," in F. Gerald Kline and Phillip J. Tichenor, eds. *Current Perspections in Mass Communications Research* (Beverly Hills, Calif.: Sage Publications. 1972) pp. 95–120; and Steven N. Chaffee, "The Diffusion of Political Informations." in Chaffee. ed. *Political Communications* (Beverly Hills, Calif.: Sage Publications, 1975) pp.88–92.

❷Harold D. Lasswell and Abraham Kaplan. *Power and Society*. New Haven. Yale University Press, 1950, p. 10.

察官於聽了尼克森和僚屬間的錄音談話後，確信尼克森事先與聞其事。

二、政治談話的特性

政治性的人際傳播是指少數人聚首一堂，彼此承認對方有發言和回答的權利，彼此輪流發言。其特性有下列數種：

㈠彼此認識環境 (Coorientation)：這一特性指政治人物交換消息的活動。此一活動產生了更多的活動，俾能認識對方。這表示訊息的交換不但產生訊息內容的交換，且亦建立政治人物的個人關係。一九八二年六月西方國家的元首在巴黎凡爾賽宮集會，討論西方國家所共同面臨之問題，包括東西方關係、經濟問題和利率問題。這個集會使西方國家的元首（包括日本在內）有機會在面對面的情況下，交換消息，表示本國的立場。這是消息內容的交換。此一交換產生了另一作用，即各國元首藉此機會建立個人的關係。人際關係也是另一種的訊息，它說明參與者之間如何對待對方，它表示參與者對其他參與者之看法。在政治參與者的交談中，各人的微笑、皺眉、聲調、手勢、坐姿等帶着各種政治訊息，也都表示他們對其他參與者之印象。

政治交談中雙方常用熱情的、尊敬的詞句互相稱呼，但在這稱呼之下，往往存在着不可彌補的裂痕。稱呼、握手、微笑是表演給新聞界看的。寧漢分裂時，雙方的國民黨領袖互稱老友，強調「我輩終身之交誼」❸，但雙方劍拔弩張，戰爭一觸即發，意見的差距無法消弭即為一例。一九八〇年夏民主黨大會提名卡特連任總統，愛德華·甘迺迪在提名爭奪戰中失敗後，被卡特邀上演講台，表示黨內合作團結，一致對付共和

❸王禹廷，「南北局勢分久而合」，傳記文學，第四十卷，第三期，頁九十一。

黨候選人雷根。這時小甘表情冷淡，祇在面對記者的攝影機時才勉強擠出笑容，表示失敗者的風度。但是他的表情已傳遞了充分的訊息，表示卡特和他之間的政治關係。❹

　㈡視談話爲遊戲：許多傳播學者視面對面的傳播爲競技的遊戲（playing games）。參與者雙方瞭解彼此的動機和目標，也知道彼此只有某幾種途徑達到此一目標，但是要玩這種遊戲，彼此務必遵守遊戲的規則。

　賴曼（Stanford Lymand）和史喀特（Marvin B. Scott）以不同的目標列述四種遊戲：❺

　⑴面子遊戲（face games）：政治人物用各種不同方式保護自己的「面子」，同時也給別人「留面子」。尼克森在水門事件時，也被指控非法申報所得稅。他特別安排在一個輕鬆的場合舉行記者會，因此他到佛羅里達州的迪斯耐樂園訪問，在該地舉行記者會，當被問所得稅申報案時，他說：「我不是一個騙徒」（I'm not a crook）。此話出自總統之口，頗不得當，其目的顯然在保護面子。另一方面，美國國會議員在辯論激烈，針鋒相對時，常恭維對方爲：「來自某一大州的高貴議員」（the honorable senator from the great state of X），給予對方應有的禮遇。一九八二年阿根廷與英國的福克蘭島之爭，在阿國軍人政府估計錯誤，佔領福島之後，阿英雙方都在尋找不失面子的途徑下台，但是雙方都無法保留面子，因此演變成阿英兩國的武力衝突。對英國而言，以武力重佔福島，是爭回面子的唯一途徑，但所出之代價實在太大。對阿國而言，因福島之戰失敗，轉而與古巴簽約，接受蘇俄援助

---

❹祝基瀅「兩黨大會後的美國選情」，新生報，民國六十九年九月十日。

❺Stanford M. Lymand and Mervin B. Scott, *A Sociology of Absurd* New York: Appleton-Century-Crofts, 1970, Ch. 2.

也是在保護面子，所付出之長期代價亦至爲重大。

(2)威脅遊戲 (exploitation games)：政治人物利用某種言辭威脅對方，使對方接受本身的條件。再以福島之爭爲例，英國首相佘契爾夫人揚言，如阿根廷不自動退出福島，英國將以武力收復福島，即爲一例。白宮在面臨國會强烈的反對時，常發表聲明，如國會通過某項白宮所反對之提案，總統必定使用否決權。是另一例。

(3)訊息遊戲 (information games)：此項遊戲發生於一方面擬掩飾事實，另一方擬揭發事實之情況下。新聞記者與政府官員之間常玩此種遊戲，駐華府的新聞記者尤精於此道。如果某記者發掘某一新聞，或製造某一新聞，他（她）會告訴甲官員，乙官員指責甲官員，所謂「指責」實是魚餌，旨在引誘甲官員上鈎，如甲不察而上鈎，並作評論，記者即訪問乙官員，並鼓勵他發表聲明，以澄清事實，如果乙官員接受記者的慫恿，發表聲明，記者就達到目的——得到本來得不到的消息。

(4)關係遊戲 (relational games)：政治人物以積極的或消極的方法與其他政治人物往來，藉以增進或減少彼此間的關係，發展支配——服從的關係 (domination-submission relationship) 或友好——敵對 (affection-hostility relationship)。當一方採取行動玩弄關係遊戲時，另一方面常探對策。因此，支配和服從是對立的。換言之，一方必欲支配對方，使之服從我方。但是一方採友好的措施，常得友好的反應，一方採敵對的行動，常得敵對之反應。這是愛對愛恨對恨的反應。

美國詹森總統精於玩弄關係遊戲。當他意欲說服某參議員支持其提案時，每請其來白宮面談，並故意逐漸移動身體，以手或身體接觸對方，使對方感到無比的壓力。資淺的參議員每無法承受此一壓力，接受詹森的說服。❻

---

❻Doris Kearns. "Who was Lyndon Baines Johnson ?" *The Atlantic*, 237(May 1976), 48.

詹森對他的僚屬間的人際關係也非常特殊。詹森常在業務會報（並非內閣會議）進行中，宣布休會。「建議」大家游泳，以恢復疲勞。於是由他領導，與會者全體尾隨到游泳池畔，詹森當衆在池畔脫得精光，裸體跳入泳池。有的人很不習慣當衆表演脫衣，詹森此時必不斷嘲弄，直到每人都脫光跳入泳池爲止。這與臺北政界最近流行的「洗三溫暖」，在浴室中，「袒」誠相見，增進政治溝通，有異曲同工之妙。

詹森有時在辦公室中與僚屬談話中感到內急，非立卽解決不可，他會命令該官員跟隨他進入洗手間，繼續談話。詹森告訴人，某次他坐在馬桶上和一甘廼迪時代留任的官員談話，該官員不想看到「總統身上的那一部分」，背向詹森談話。詹森說：「我聽不見」，命他走近。該官員就小心後退移近詹森。詹森事後以此軼事告人，引爲趣譚。❼詹森常用此一類策略，以縮短他與其他政治人物的距離。

三、人際關係的基本原則

政治性的人際關係的發展有三項基本原則：

㈠同形質原則（the homophyly principle）：人際傳播研究結果顯示：

(1)人的社會屬性相似，意見相近者，常能彼此溝通，交換意見。

(2)當傳播者與受播者的社會屬性相似時，有效的傳播較易發生。

(3)同形質和傳播互爲因果。同形質促進溝通，溝通的結果更進一步的增進同形質。在政治選擧中，社會屬性相近的人，常交換意見，更堅定了他們的政治意見。❽

❼Doris Kearns. *Lyndon Johnson and the American Dream*. New York: New American Library, Inc. 1977, pp. 252–253.

❽Paul E. Lazarsfeld, el at, *The People's Choice*, New York: Columbia University Press. 1948. pp. 137–139.

我們也不能簡化同形質原則。具有相近社會屬性的人可能常溝通，但溝通的結果並不一定產生瞭解。　更有進者，　與社會屬性相近的人溝通，　交換的訊息常是重覆的訊息，　毫無新訊息和創意，　長此以往，　參與此類傳播的政治人物易生自滿自大之心，脫離人民的隊伍，與時代脫節。

㈡神入（empathy）：這指一個人能瞭解他人處境和立場，並能表達自己的意見，　使之被人接受。議會中之政黨領袖，　尤應具備此項才能，俾與他黨領袖溝通。「神入」之基本原則是設身處地爲對方着想。這並不是放棄自己的立場，而是以「易地而處」的心情瞭解對方的問題和立場，俾便有效地設計自己的方案，提出討論，其最終之目的仍在使對方接受自己的方案。

㈢自我表白（self-disclosure）：這是指坦誠表白自己對某一問題的感想、意見和企圖，直接地顯露自己的心象和價值標準。原則上坦誠布公地表示立場，可以促進人際傳播，而在政治傳播過程中，却不常發生。極少數的政治人物願意公開地坦白表示自己的意欲和企圖，他們甚至於極少向自己的顧問作此表示。在政治傳播中，自我表白可謂例外，隱藏私欲才是典型的行爲。

四、小羣體談判的政治行爲

小羣體談判（smsll bargaining group）通常是指兩人會談，有時也指少數人會談。無論如何小羣體談判的主要特性是指傳播之對象限於在場的少數人。在這種條件下，政治人物可避免作公開的聲明，迎合羣衆之所好，而可作較爲坦白的會談。一九一九年巴黎和會時法國總理克里孟梭（Clemencean）、義大利總理奧蘭多（Orlando）、英國首

相勞埃喬治（Lloyd George）和美國總統威爾遜在狹隘小室中聚首會談；將親信隨員和記者擯拒門外，其目的在瞭解各人真正的立場，俾能迅速達成協議。

小羣體談判的參與者不必擔心外界對他們言論的反應，除非談判內容洩漏，外界不知談判者發言的內容，因此可針對問題討論，增加妥協之機會。以一九六二年古巴飛彈危機為例，固然美蘇兩國均以聯合國安全理事會為接觸點，但在安理會上的發言，雙方相互指責，旨在獲得宣傳效果，而非達成協議。美蘇兩國駐聯合國代表團團址成為美國大使史蒂文生和蘇俄大使左林（V. A. Zorin）會談地點，史左兩人非正式的接觸奠定了解決古巴危機之基礎。❾

其次，在小羣體談判的場合中，參與者可以談話的語氣會談，不以演說辯論的語氣爭辯。再者，在小羣體談判中，也無正式的坐位安排，更促進了輕鬆友好的氣氛。在正式的公開會議中，往往兩方對坐、壁壘分明，氣氛緊張，韓戰結束後的板門店談判即為典型的例子，雙方之無法溝通，當在意料之中。

小羣體談判能加速協議之建立的另一因素，乃談判雙方因不必過分顧慮措詞，可作立即反應，不必等待上級的正式指示，因談判既非正式，所作之反應即使不獲上級支持，仍可收回，不失立場。由於此種方便，雙方代表可以澄清疑點，增進對彼此立場之瞭解。不過有時即使在小羣體談判中，參與者仍受上級的嚴格規定，不得作立即反應，蘇俄代表有時對紀錄中標點符號之異議，也非經克里姆林宮指示不可。❿

❾Oran R. Young. *The Politics of Force: Bargaining During International Crisis.* Princenton; Princeton University Press, 1968. p139; Arthur Lall. *Modern International Negotiation: Principles and Practice.* New York. Columbia University Press. 1966, p.331.

❿K. J. Holsti. *International Politics: A Framework for Analysis.* 2nd ed. Englewood Cliffs, N.J.: Princeton-Hall. 1972, p. 206.

由於小羣體談判者有「隱私」（privacy）之便，雙方可以互相影響，期能迅速達成協議，這並不是說在大場面的正式會議中，與會代表不朝達成協議的方面努力，而是說在大型會議中除了協議以外，尙有其他更重要的目的，如宣傳之目的，和歷史記載之目的等。在小羣體談判中，與會者顯然也有其他之動機，但不如達成協議之迫切。再者，小羣體談判的與會者一般都瞭解，他們的任務是在某一段固定時間內達成協議，因此他們有一共同的目標，朝此目標戮力以赴。⓫

在民主社會中，小羣體談判在政治上之地位尤爲重要。許多政治決策在以政治交易的形式達成，雙方有取有予，有得有失，在妥協的精神下進行談判。「傳播與小羣體」一書的作者費利浦說：「小羣體方法是支配我們決策，解決問題和尋求資訊的活動。」⓬他指出在美國政府和議會中小組委員會之數目多過職員人數，這表示美國政治組織重視小羣體會談。政府最高當局在作決策之前，也常以小組會議的方式，交換情報，集思廣益，在古巴飛彈危機時，英國政府固表示支持甘迺迪政府的立場，但英國輿論却對蘇俄在古巴建立飛彈基地一事表示懷疑，某晚甘迺迪與英國友人在白宮晚宴，宴會中絕口不提古巴危機事，但在宴後甘迺迪請英國駐美大使高爾 (David Ormsby Gore) 步出宴會廳，兩人站在走廊上懇談，高爾建議，美國如實行對古巴封鎖，禁止載運飛彈和技師人員之蘇俄軍艦進入古巴港口，應將封鎖圈縮小，使之接近古巴本土。這種作法，可使蘇俄當局有較多時間考慮，是否應突破封鎖線，直接與美作戰。甘迺迪立刻接受高爾之建議。此外，甘迺迪在此次危機中，不斷與高級幕僚舉行小型會議，參與者多是一二親信人物，形式是

⓫Gerald M. Phillips, *Communications and the Small Group*, New York: Bobbsmerrill, 1966. p. 7.

⓬Phillips, *Communications and the Small Group* p. 10.

非正式的。⑬

　　小羣體會談固然是非正式的，它也須經過事先計劃，設計一定的程
序，有助會談的進行。玆將一般程序分述於后：

　　㈠議題的排定：這項工作看來容易，實屬困難。議題的排定要使雙
方接受，否則雙方在議題先後上爭論，浪費不少時間。議題的先後當然
對會談的成功影響至大。有人主張先談輕易的問題，這些問題解決之
後，友好的氣氛業已形成，不難解決棘手的問題。也有人主張先談難
題，再談易題，應該抓住雙方有意談判的熱誠和興趣，先解決難題。在
現有的人際傳播研究資料中，吾人尚難提供充分的證明，支持任何一個
論點。

　　㈡資料的輸入：資料的提供是與會雙方的責任，使雙方瞭解問題的
癥結所在，和雙方的立場。一般而言，資料越充分、越正確，越容易找
到解決問題的正確途徑。負責提供資料的人(有時也是負責決策的人)，
除了提供有關問題的資料，亦應建議各種可能解決問題的方法，並詳列
各種方法之利弊，以作參考。參加小羣體談判的人，常常在時限的壓力
下，在資料不充分的情況下，作不當決定。

　　資料之提供固然是越充分越正確，對雙方談判者越有利，這並不是
指越複雜越好。談判者常用的技術之一，是給對方大量複雜的資料，使
其無法消化，導致其作錯誤的抉擇。這種結果是否對雙方有利，值得考
慮。有時談判者蓄意隱藏不利於己、有利對方的資料，這種技術也無可
厚非，但也不一定有助於問題的解決。有一點值得注意的是，無論動機
如何，談判者不應提供與問題無關的資料，使人迷惑，更不宜提供敵視

---

⑬Arthur M. Schlesinger, Jr. *A Thousand Days. John F. Kennedy in
　the White House.* Boston: Houghton Mifflin Company, 1965, pp.
　794–819.

的資料，破壞談判的氣氛。

㈢資料的鑑定：這一步驟是指談判者一方於收到對方所提供之資料後，　鑑定此資料與會談之相關性，　尤其應注意此資料與會談目標之相關。此一步驟多少與前一步驟重覆，但其重點在於評定對方對會談的誠意。曾森（Lloyd Jenson）以一九六一至六三年美蘇核子武器禁試談判爲例，發現雙方在早期的會談中所提供之資料，都顯示雙方願意互相讓步，以期早日達成協議。但每當協議卽將達成時，蘇俄不是收回以前所提的條件，就是提出更多的條件，以阻撓協議之達成。曾森鑑定蘇俄在這一階段所提出之資料，與會談目標的相關性甚低，他同時指出，美方代表終於發現蘇俄對會談根本不感興趣。美蘇延至一九六三年才達成協議。⓮

㈣最後抉擇：談判之目的在減少可選擇之範圍，以達到可被參與談判之各方接受之最後抉擇。⓯參與談判者可表示他們的立場與正在考慮之某幾種選擇（options）相符，　或可表示同意刪除某幾種選擇。參與者可予對方所提出之條件作若干的讓步，在雙方互讓的情況下，同意採取中間的立場。在互相妥協的過程中，雙方都應謹愼的選擇用語，俾使本身的擬議能爲對方完全瞭解與接受。

查特曼（Zartman）分析歐洲共同市場會員國談判的模式。他發現談判者先同意大原則，繼而談次要的問題，最後談細節。假如大原則不能同意，談判的重心也可轉移到細節。⓰不論重心何在，談判之成功與

⓮Lloyd Jenson. "Approach-Avoidance Bargaining in the Test Ban Negotiations," *International Studies Quarterly,* 12 (1968), pp. 152-160.

⓯William Zartman, "Convergence and Power: An Approach to the Analysis of Negotiations." American Political Science Association paper. (1969), p.5.

⓰同上。p. 20.

否端賴談判者是否能改變對方對抉擇之認知（perception），而不是改變對方對抉擇之價值判斷。謹慎的選擇的語言，使之能爲對方接受，是最主要的技巧。因此，這是辯證（dialetic）與辭辯的混合運用。查特曼在前述的研究中發現幾種方法。其中常用的一種方法是報酬 與 懲 罰（carrot-and-stick）的強軟兼施的方法。此法強調某種選擇的優點，並強調不採取此一選擇的危險性和不利之點，使其優點更爲突出。

就減少選擇的範圍而言，談判者可引用以前的協議或條件，證明某種方案不在選擇範圍之內，蓋前議業已明白說明此項方案不在考慮之列。同時談判者也可引用新的發展，以證明此方案之不適用性。

當選擇之範圍縮小到可以達成協議之範圍，談判者可能在這範圍內再作妥協。這種協議之達成往往是基於方便的理由，而無邏輯的理由。

如前所述，談判的基本原則在於改變對方的認知，但是認知之改變並非易事，何種刺激（stimuli）能導致何種的反應，並非可以控制之事。一般人都拒絕改變認知，因爲他們根據已有的認知，選擇訊息，正如烏拉薄波（Anatol Rapoport）說：「米底亞（Medea）、馬可白（Macbeth）、唐吉訶德（Don Quixote）和浮士德（Faust）都個別的擁有不改變的世界形象，並盲目地獻身於某一理想，這是構成悲劇的主要原因」。**⑰**

五、談判的策略與技巧

人際傳播學的學者對於談判的策略與技巧頗爲重視，特別引用遊戲理論(the game theory)討論談判的策劃，和各種策略與技巧之得失。

⑰Anatol Rapoport, *Fights. Games and Debates*, Ann Arbor: University of Michigan Press, 1960, p. 260.

㈠遊戲理論與談判：遊戲理論的基本原則與孫子兵法之基本原則相似，卽知己知彼，百戰百勝。遊戲理論的運用者所關心的是，如何在對方所期望的條件下，採取最有利於己的策略。主張借重遊戲理論的學者認爲，此一理論對小羣體談判提供了理論基礎和規則。反對者認爲此一理論不適用於談判。遊戲理論之要素之一乃參與遊戲者對於問題有完全的瞭解。談判的動機複雜，談判者往往隱蔽問題的眞象，冀藉此達到有利於己的協議。

再者，遊戲理論假定參與者作理性的抉擇，由於動機的複雜，談判者往往不作理性的抉擇。「理性的抉擇」指雙方在某種條件下，尋求最低損失的途徑。談判者希望對方不作聰明的抉擇，會錯誤的尋求於低「最低損失」的途徑。同樣地，談判者希望本身會獲得高於「最低損失」的報償。

雖然實際上談判之進行並不能完全依照遊戲理論之原則進行，但遊戲理論之觀念仍有助於分析談判之情況。遊戲理論尤其強調第一着棋（opening move）的重要性。第一着棋往往決定全局棋發展的方向。談判亦然，第一個提議往往決定談判之趨向，但是談判與下棋並不完全相同，第二個提案的人可提出反提案，不受第一提案之限制。同時第一個提案的人如不事先獲知他方提案之內容，先作提案的人可能提出過分寬大的條件，以致於處於不利之地位。

遊戲理論者採用「明顯的契約範圍區」（manifest contract zone）或是「談判範圍區」（bargaining zone）。這指從雙方所可能達到協議之點到雙方所無法同意之點。雙方都瞭解，談判應在這兩點之間的範圍內進行。這種觀念有助於分析談判初期所持之立場。雙力最初所提出之條件，可視爲談判範圍區的極大範圍，雙方務必在這極大範圍區內談判。但是共黨國家慣用的策略之一是在談判過程中隨時擴大其極大範圍

區，使談判無法進行。

遊戲理論中另有「大要求法則」（large demand rule），「最低要求法則」（minimum demand rule）和「形式爭辯法則」（ritualistic sparring rule）。這三個法則指最初所提之條件遠超過最低要求（或最大讓步）之極限，雙方都瞭解兩者之極限，因此有談判之餘地，雙方在兩個極限之間可以爭辯，有時這種爭辯是形式上的爭辯，表演給談判者所代表之羣衆看。這表示談判者是在極端困難的情況下，爲羣衆爭利益。勞資雙方的談判常採用此策略，勞方代表尤須採取此策略，以爭取勞工的支持。

如果談判一開始，某方即提出最低要求，這表示除非接受此條件，協議無法達成。在此種情況下，無論協議是否達成，談判已經無法進行。

㈡非強制的說服技巧：遊戲理論往往重視強制（Coersion），而不甚強調說服的策略性運用。❶相反的，在小羣體的談判中，與會者往往偏重於非強制的說服。這包括各種口頭傳播的技巧，以迎合他方代表的心理需要，利用他們的弱點與偏見等。

根據傳播學者的研究❶，談判者首先應使自己被對方接受爲可靠的、合理的提案人。欲達到此目的之方法很多，包括用辭的選擇。例如

---

❶ Carl Stevens, Stralegy *and Collective Bargaining Negotiations* (New York: Mc Graw-Hill, 1963). p.39.

❶ Carl I. Hovland. Irving L. Janis, and Harold H Kelley. *Communications and Persuasion: Psychological Studies of Opinion Change.* New Haven: Yale University Press, 1953; Winston L. Brembeck and William S. Howell, *Persuasion: A Means of Social Control.* New York: Prentice-Hall. 1952; and Hugh Dalziel Duncan *Communication and Social Order,* New York: Bedminster Press, 1962.

談判對方是有學問的人，　而我方代表用語粗鄙，　則不易獲得對方之信任。反之對方是一般的 勞 工 階 級，我方代表用語中充滿了學術性的辭彙，則無法爲對方所瞭解。柏克 (Kenneth Burke) 說：　「當你要說服人時，用對方所用的言辭。」⑳

在尋求對方支持我方的立場，應避免予對方以操縱談判之印象。對方希望我方提出方案，讓他們有所選擇，而不希望我方對他們作決定。這並不是說一方在談判時不可作合理的結論，所謂合理是指符合邏輯，又符合雙方的政治利益。在政治性的談判中，合乎邏輯的結論，並不一定是合乎政治利益的結論，但至少以越接近邏輯越好。

除了心理的需要，邏輯的合理性和政治利益外，談判者也可迎合對方的文化背景，利用對方的道德心、責任感、生理狀態和情緒的變化，促進談判的順利進行。談判是在面對面的情況下進行，文化背景、生理狀態和情緒變化等因素是不可忽視的。美方商務代表與中共商業代表談判時發現，每當中共代表緊張時卽猛吸香烟，不停地擺動脚尖，這表示文化背景、生理上的疲乏和情緒的不穩，美方代表利用這些徵象，往往有突出性的發展。當雙方勢均力敵，信心與上述策略的技巧性之運用，往往導致有利於我方之發展。

㈢威脅與欺騙技術：假如時機成熟時，談判者是否可使用威脅、欺騙和說謊的策略？ 其答案是不一定。 若干遊戲理論學者和其他學者認爲，這種策略有時的確有效。肯特 (George Kent) 指出：「自由派學者認爲，威脅的策略是不利於己的。保守派的學者認爲，採用威脅策略的人會得到較大的利益」。㉑

⑳Kenneth Burke　A Rhetoric of Motives. New York: Prentice-Hall, 1950. p. 55.

㉑George Kent, The Effects of Threats Columbus: Ohio State University Press. 1967, p. 24.

　　一九五〇年代美國國務卿杜勒斯用強硬的態度對付共黨談判者，一九八二年六月十七日在聯合國特別大會中，雷根總統對蘇俄全球性侵略的紀錄，大張伐撻，兩者都表示美國有堅決的意志，從事談判。貝爾 (Coral Bell) 在評論杜勒斯的以武力作後盾，又以威脅的口吻對付共黨談判時說：西方國家所缺乏是意志而非武力。威脅的言辭意味着西方國家不缺乏堅強的意志力。❷雷根總統的「和平議程」演說在時間性上尤具意義。他的演說是在美國武器的使用者（以色列），和蘇俄武器的使用者（敍利亞）在黎巴嫩對壘，顯示了美國武器的絕對優勢之後發表的。以色列在黎巴嫩之戰果無疑予蘇俄以戰力之威脅，雷根之聯大演說予蘇俄以言辭之威脅，兩者配合，期對美蘇裁軍談判有積極性的影響。

　　但是，若干研究顯示，威脅的策略實際上妨害談判雙方的溝通。威脅往往導致非理性的決策。根據戴逸區 (Morton Deutsch) 和克勞斯 (Robert Krauss) 的試驗報告：「威脅使談判者更困難達成有利於雙方之協議。雙方互用威脅策略更不可能產生改善的效果」。❷

　　威脅也可能產生拒絕屈服之心理反應。因此，威脅可能阻止協議之產生，而非助長協議之產生。同時，使用威脅策略的人很難收回威脅，蓋收回威脅，有失談判者之威信。

　　欺騙伎倆之缺點更多，尤其在長期性的談判中，幾乎不可能用瞞天過海的策略，一旦謊言被拆穿，使用此策略之談判者信用全失，除非更換談判者，談判無法進行。更有進者，一方在無確定資料的眞實性之情況下，易招致估計錯誤之嚴重後果。

---

❷Coral Bell *Negotiation from Strength*. New York: Alfrad A Knopf, 1963. p. 98.

❷Morton Deutsch and Robert M. Krauss' "Studies in Interpersonal Bargaining." *Journal of Conflict Resolutions*, 6 (1962). pp.73–74.

　　總之威脅與欺騙之策略是否可用，在何種情況下可用，尚須進一步的研究。

　　前述各種策略之運用，端視談判之問題、談判者性格以及談判時之客觀環境而定，談判是一種藝術，而非科學，並無一成不變的原則。

第八章　政治傳播與政治社會化

一、導　　論

　　政治社會化 (political socialization) 是指社會份子如何納入政治文化，以及社會份子改變政治文化之能力。政治社會化也是指一個社會份子接受政治任務，和遵守政治規模之過程。❶ 如果用一個慣用的名詞，政治社會化也可說是政治學習的過程。

　　人並非生來就有政治信仰、政治價值觀念和政治期望。人是在長期的政治學習的過程中，接受政治刺激 (political stimuli)，漸漸地建立起政治信仰、政治觀念和政治期望。這也就是說，人是從政治傳播的過程中，建立起政治信仰、政治觀念和政治期望的。政治社會化既然是

---

❶Dwaine Marinck. "The Political Socialization of the American Negro." in Edward C. Dryer and Walter A. Rosenbaum's *Political Opinion and Behavior: Essays and Studies*. 2nd Ed. Belmont. CA. Duxbury Press, 1970. p.161.

一種學習之過程，也正如其他學習的過程，它始於搖籃，終於墳墓。人在一生中不斷地學習，人也在一生中不斷地發展政治信仰、政治價值觀念，和政治期望。

我們要在本章中討論政治社會化之過程與效果。首先我們要談的是學習與傳播之一般性的關係。其次我們要談的是人的性格在政治社會化過程中所扮演之角色。最後我們要討論的是傳播的來源，頻道和訊息對政治社會化之影響。

二、學習作爲傳播之過程

學習是一種有意的、有目的之活動。學習可以改變個人之形象，個人對事物之解釋，建立或改變個人之信仰，價值觀念和期望，進而修正或改變個人之行爲。茲舉兩種學習理論於后，以說明學習與傳播之關係。

㈠機械神經說 (A Cybernetic View)：戴逸區 (Karl Deutsch) 認爲，我們可視學習爲機械神經活動 (Cybernetic activity)。❷機械神經學 (Cybernetics) 是一門研究自動控制系統的學問，此種觀念可運用於人與人之間，人與機器間，以及機器與機器間之傳播活動。❸一個自動控制系統（有時也稱爲「自動修正傳播網」或「學習網」）包括組織、傳播和控制單位，其組織可能是人類社會之組織，人體之器官，

---

❷Karl Deutsch, *The Nerves of Government*. New York: The Free Press of Glencoe. 1963.

❸參閱拙作，"The Concept of Cybernetics, Balance and Feedback in Mass Communications Theory," 新聞學研究，第七集，民國六十年五月，四一〇頁。

或機器；傳播之訊息可能是人類之言語，人體神經之刺激或電波；其控
制之方法可能是人體本能之反應，人類社會組織之反應，也可能是機器
之反應。自動控制系統之特徵係從反饋 (feedback) 中學習。戴逸區
說：自動控制系統是一個傳播網，它因反應訊息之輸入而產生行動，該
系統因而發送自己的訊息，以修正本身之行動或行為。❹

　　就一個自動控制的人而說，他有兩種學習，一為簡單學習，另一為
複雜學習。

　　在簡單學習的過程中，人修正反應以達到既定之目標。換言之，在
這種過程中，人之目標不變，所變者為反應之訊息和行為。兹舉一例，
某人立志要成為美國總統，幾經挫折，改變路線，冀能達到最終目標。
尼克森由眾議員，參議員，而副總統，一帆風順，但在一九六〇年與甘
迺迪對擂時，敗下陣來，但是他目標不變，冀以加州州長作跳板，進入
白宮。一九六二年競選州長，再告失敗。一九六四年改弦更張，支持高
華德競選總統。高華德失敗後，共和黨領導階層空虛，尼克森從基層入
手，重掌領導權，一九六八年再度問鼎白宮，終於險勝韓福瑞，登上總
統寶座。從尼克森問鼎白宮之歷程中，可知他在遭受挫折之後，不斷地
根據「反饋」，調整「反應」，重新佈署，但其終極目標不變。

　　複雜的學習是指在得到「反饋」後，不但調整「反應」，且亦改變
終極目標。再以美國政治人物的事業為例，史蒂文生 (Adlai E.
Stevenson) 是一個出色的政治家，在伊州州長任內政績斐然，政聲卓
著，一九五二年被提名為民主黨總統候選人，被艾森豪擊敗。一九五六
年再度接受提名，又被艾克擊敗。史蒂文生具有學者風度，又有辯才，
終在甘迺迪和詹森總統任內出任美國駐聯合國大使。史蒂文生在不能得
到總統寶座後，以其政治長才用於聯合國議壇。

---

❹Dentsch. p.88.

　　從機械神經學觀點出發，學習包括改變個人之思想、感情和未來之計劃。改變或調整是在接受各種訊息之後所產生之反應。因此，學習是反應（responsive）之活動，而非重作（react）。從機械學之觀點研究學習，是研究人如何適應和處理環境，特別是研究人如何交換訊息，利用傳播來改變環境，調整行爲，和修正目標。

　　㈡符號說（A Symbolic View）：這一視學習爲符號活動（symbolic activity）的學說，是源自米特（George Herbert Meade）的思想。❺

　　米特認爲，人類活動基本上是社會活動，也是學習活動、社會生活包括每個人考慮到他人之存在，探知他人的意圖，並根據他人之意圖有所反應。米特特別認爲，人類並不對他人之行爲而作反應，而是就人類自己所認爲的（並不一定是他人所認爲的），自己所評定的，和自己所期待的他人之意圖，而有所反應。

　　至於人類如何估計他人之意圖？他們是從交換有意義之符號得來的。我們在「語言、符號與政治」一章中指出，「解釋」使語言文字等一切傳播訊息成爲有意義之符號。人類通過傳播，產生共同瞭解的有意義之符號。因此，學習就是使有意義之符號主觀化（internalized）之過程。

　　因此，機械神經說和符號說都視政治學習過程爲傳播之過程，在此過程中，人類接受訊息，並作調整性之反應。接受和調整僅是政治社會化中的兩個階段，下面讓我們討論個性和政治自我（political self）。

三、個性與政治

---

❺George Herbert Mead, *Mind, Self and Society*, Chicago: University of Chicago Press, 1934.

在政治學中有一派學者認爲，一個人的個性決定此人的政治認知和政治行爲。❻個性既是政治社會化之產物，也影響政治社會化。基於這個原因，我們應在此探討個性與政治之關係。茲就個性之定義，個性之理論，以及個性對行爲之影響三點分述於后：

㈠個性之定義：個性之定義無數，我們不必一一提出討論。一般而言，個性之定義可分爲兩大類，一爲決定論者之定義；一爲行爲論者之定義。第一、決定論者定義（deterministic definitions）：此一定義視個性是個人之內在情況，也是個人內部之組織和結構，卡特爾（Raymond Cattell）說：「個性決定個人在某種情況和某種情緒下之政治行爲」。❼亞爾博（Gordon Allport）說：個性決定個人的某些特種行爲。❽因此個性至少有四個特性：(1)爲有組織的內在傾向及表現於外在的行爲傾向；(2)僅能從行爲的表現中間接觀察；(3)表現在行爲上之個性在相當的時期內，具有穩定性和一致性；(4)幫助個人調查現實，表達感情和鑑定自我。換言之，個性中包括幾個重要的元素，它具有行爲的穩定趨勢；它也是說明個人對外在刺激有慣常反應之原因。第二、行爲論者定義（behavioral definition）：此一定義不認爲個性是促成慣常反應之原因，在此種定義之下，個性是行爲之模型。殷格（J. Milton Yinger）說：「個性是人在各種情況之下所表現之行爲的總體」。❾

❻Fred I. Greenstein. "Personality and Politics." in Fred I. Greenstein and Nelson W. Polsby eds. *Handbook of Science* Vol. 2 Reading, Mass.: Addison-Wesly Publishing Co, 1975, pp. 1-92.

❼Raymond Cattell. *The Scientific Analysis of Personality*. Chicago: Aldine Publishing Co. 1965. p. 27.

❽Gordon Allport, *Personality*. New York: Henry Holt and Co. 1937. pp. 49, 218.

❾J. Milton Yinger, *Toward a Field Theory of Behavior*, New York: McGraw-Hill Book Co, 1965, p.141.

那麼個性和意見之分別何在？意見是人對某一特殊情況所表現之特殊行為。個性是人對各種情況所反應之各種行為之總體。意見和行為都是有組織的，對外在刺激之主觀反應。基於這種概念我們可以進一步的討論個性理論，並用這些理論解釋政治社會化。

㈡個性理論：學者對個性作過無數的定義，也立過無數的理論，茲舉數論以說明政治社會化之過程。

第一、需要論：我們在「政治傳播與民意」一章中已指出，人類有安全之需要、感情之需要、被人尊重之需要，和自我實現等需要。人類之行為在於滿足這些需要。在這些基本需要獲得滿足之前，人很不可能想到政治的問題，也很不可能從事政治活動。主張這種理論的學者認為，人類只有在滿足了生理和社會的需要之後，才會「想到」、「感覺到」和「做到」政治。戴維斯 (James Davis) 說：「不足食則無社會；無社會，則『政治的』形容詞缺乏一名詞——社會——可以形容」。❿

主張此說之學者認為，人類對政治認識之程度，應視人在早年時期為滿足基本需求所發展之個性而定。在這個原則之下，需要論者將人之基本需求和政治學習聯結在一起。他們認為人之個性在進入學校前就已大體成型，早年發展之個性是人形成政治信仰、價值觀念和政治期望之基礎。

第二、心理分析論：茲就個人的 (personal) 和人際 (interpersonal) 兩種心理分析理論，討論個性如何影響政治學習和行為。

(1)個人的：此一派理論也是佛洛依德的心理分析論。佛洛依德認為，人是根據不自覺之動機，自覺的，有時是半自覺的思想感情和意欲而採取行動，他闡述個性功能的三種基本過程。

❿James C. Davis, *Human Nature in Politics*. New York: John Wiley and Sons, Inc. 1963. p. 17.

甲、以德（id）或本能衝動，即人有追求歡樂之本能。

乙、自我（ego）是鑑別人周圍環境和現實之工具。

丙、超自我（superego）是是非善惡之觀念，此一觀念通常來自父母。

人之追求歡樂之本能（以德）和他之是非善惡之觀念（超自我）通常是互相衝突的，因此，自我成為調停兩者衝突之力量。自我的功能在於觀察周圍之環境和現實狀態之後，壓抑具有威脅性之信仰、價值觀念或期望，轉移情緒的反應，以適當的方式表達意見，為自己的行為辯護等等。

如果把個人的心理分析理論運用到政治社會化上，此一理論認為，不自覺的防衞，阻止適應性的政治學習。例如，兒童學會了壓抑核子戰爭可能在其一生中發生之思想；成年人以對社會福利制度之支持來代替其對重稅政策之不滿；成年人以服役軍警滿足其積極的攻擊性的慾望；選民把自己的道德觀和缺點反映在候選人身上，候選人變成自己的化身。同時許多公民向自己所尊敬之政治人物認同。

個人的心理分析論與需求理論一樣，兩者都重視早年時期的學習。此種理論認為，早年時期的政治學習經驗，尤其對是非善惡之觀念，影響以後的政治社會化和政治行為。

(2)人際的：此派學說主要是來自蘇列文（Harry Stack Sullivan）的心理分析理論。蘇列文指出：「個性是重覆出現在人際關係中具有相當永久性之模型。人際關係代表着人類的生活」。⑪蘇列文同意需要論者的說法，人有生理之需要，如食物、水、溫暖等等。此外，他認為人

---

⑪Harry Stack Sullvan, *The Interpersonal Theory of Psychiatry*. New York: W.W. Nortion Co, 1953. pp. 110-111.

有與他人接觸之需要。基於這個原理，人有免受攻擊之安全需要，也有滿足生理需要之慾望，但是達到安全之需要，和滿足生理之需要，並非易事。爲了減少憂慮，增加安全，滿足生理之需要，人不免會使人際關係複雜化。在此種情情況下，人會發展防衞措施或蘇列文所謂之「安全作業」（security operations），以保持安全感。蘇列文着重四種作業。

甲、昇華（sublimation）作業：此乃類似佛洛依德學說中以適當之言辭和行爲表達其思想信仰和意見等，俾便爲社會所接受。

乙、固執（obsessionatism）作業：此指人之信念習慣根深蒂固，難以改變，不易從自覺中消除。例如人之口頭禪和習慣性的動作等。

丙、分離（dissociation）作業：使互相衝突之思想隔離。

丁、選擇性忽略（selective inattention）的作業：這指選擇所喜愛的訊息，忽略所不喜愛的訊息。

最後一種作業對政治傳播的影響尤大。如前所述，許多政治人物言不由衷，說自己所不信的話，以討好選民，也是選擇性忽略的作業。大眾傳播的研究指出，人有選擇訊息以加強現有信念和偏見之趨勢。

政治社會化的學者強調，人際關係是兒童和青少年獲得政治觀念和政治信念的最佳途徑之一。

自古以來，政治學者和政治人物無不重視兒童及青少年的政治意識之培養。古希臘時代，柏拉圖重視培養青少年對都市國家（Polis）之認識。在現代政治制度中，希特勒的納粹青年團，俄共的共青團，中共的共青團，和中國國民黨的三民主義青年團和中國青年反共救國團等組織之成立和發展，都表示政治團體對青少年之政治訓練，寄以無限的期望。

柏拉圖爾青少年之政治訓練爲公民訓練，並認爲這應是學校課程的

重要部分。現代的政治學者又進一步的發現若干「中間人」，如父母、老師、朋友等，對兒童及青少年之政治傾向有相當重要之影響。現代政治學者也避免使用「公民訓練」的名稱。他們認爲，此一名稱不够積極性，蓋政治社會化是一種連續不斷的活動，它並不終止正式學校教育，它的學習經驗也不局限於家庭和學校。

為什麼兒童和青少年成爲政治社會化研究之重心呢？ 若干學者認爲，在若干特殊環境之下，早期學習具有持久性。主張「早期理論」（primary theory）的學者認爲，兒童如一張白紙，兒童在早期學習的東西，會永遠的印在白紙上。

第三、性格理論（trait theories）：每個人有獨特性格。 因此，一人之性格不同於他人之性格；一人之性格也可與另一人性格相比。學者將人之性格大致分爲可改造的或不可改造的；情緒化的或冷靜的；有良知的或無良知的；猜忌的或不猜忌的；有風度或粗暴的等。

若干社會學者認爲，政治是政治人物性格之表現。一九八二年夏以色列入侵黎巴嫩是以色列總理比金和國防部長沙農之性格的表現。一九六〇年代中國大陸上文化大革命是毛澤東和江青的性格之表現。一九四〇年代德意志之侵佔歐洲鄰國是希特勒性格之表現。

第四、典型理論（typical theories）：此一理論將人之政治行爲分爲若干典型，如不活躍份子、平常份子、建設性分子、活躍分子和不滿份子等。一九六〇年若干美國社會學者研究學生的政治活動，依父母對學生之政治個性之影響，分成下列五個典型：

甲、不活躍份子（inactives）： 這類份子不參加學校中之政治或社會社團。他們的父母異常關心子女之健康和福祉，並貫徹執行服從、和馴良的家訓。

乙、平常份子（conventionalists）： 此類份子包括兄弟會和姐妹

會的會員， 但很少參加政治活動。 他們的父母通常重視責任感、 成就感、服從和禮貌。

丙、建設性份子 (constructivists)： 此類份子熱心社會公益，很少參加示威抗議的活動。他們的父母強調紀律、成就、可靠和有限度的自我表現。

丁、活躍份子 (activists)： 此類份子抗議社會病態，但也參加社會服務， 提倡社會公益，期以消滅社會病態。他們的父母鼓勵他們獨立思考，對自己的行爲負責， 鼓勵自我表達，但也重視禮節和紀律。

戊、不滿份子 (dissenters)： 此類份子參預有組織的示威抗議。他們的父母對子女之敎育並無一貫方針， 時鬆時緊，時嚴時寬， 子女無所適從。

以上區分法是否適宜，似非問題所在。這個區分法不過是一種例子而已。典型理論的區分法是以行爲的表現爲標準，而非以性格爲標準。但是兩者同樣地強調父母對子女之影響。

第五、現象理論 (phenomenological theories)： 此種理論重視一個人的主觀經驗，此一經驗決定他對事物的認識。玆將現象理論的兩大主流簡介於后。

甲、形態心理論 (gestalt theory)： 這一理論強調全面性之經驗， 根據個人之經驗，將複雜的現象簡單化。以政治傳播而言， 當選民在電視看到一位候選人之活動鏡頭， 選民很少研究此一候選人之政見，過去之政治歷史，而以此人在電視上之表現，如親切和藹， 口齒淸晰等， 決定他對此人的喜惡， 甚至決定是否支持此人。因此有人批評，今日之政治候選人是經廣告設計人「包裝」之後，出現在選民面前。選民所見到的， 不是眞正的候選人， 而是經過 「包裝」 之後的候選人。但

是，由於選民對政治之認識有限，也樂於接受經過「包裝」之候選人，以便以全面性的、一般性的經驗將一個複雜的政治現象簡單化。

乙、實地經驗論 (field theory)：此一理論認為人的個性並不能解釋此人行為。個性並不是決定行為的主要力量；過去的經驗也不是影響人類行為的主要因素，只有立即的經驗才是決定人類行為之主要因素。因此政治候選人在競選過程中以激烈的言論，刺激性的突發事件影響選民的投票傾向。吾人必須特別指出，此一理論並非完全抹煞過去經驗之重要性，主張此一理論之學者認為，過去的經驗可以作為潛在的力量，而行動的引發是靠立即的經驗。

綜觀以上各種理論，我們不難看出其重點所在。上述各種理論都強調，人在生命的早期培養成性格，性格影響信念、價值觀念和期望。對個性論者而言，性格對行為有重大之影響；但對現象論者而言，性格對個人當前的行為僅有「遙遠的關係」。那麼問題是：何時個性會影響政治意見之表達？

政治學者格林斯坦 (Fred Greenstein) 從不同的角度分析這個問題，他認為個人對政治事件影響之程度視其地位而定。例如總統的影響力通常大於國會議員的影響力。當然這也要視個人的政治技巧而定。

其次，格林斯坦指出，不同的政治人物在同樣的政治環境中會採取不同的行動。因此，他認為環境並不是決定行動的中心因素。行為因個人的方式、政治熱情而異。行為是即發的，並非例行的。因此，個人在某種情況下所表現之行為常出乎人之意料。

但是，他又指出當政治的氣候允許自由表達意見，公開的表達情緒時，個性很容易表現在情緒化的政治事件上。以高雄事件為例，該事件之參與者所表現之行為，以及一般民眾對此一高度情緒化事件之反應，

都表示當事人的性格，在此種情形下表現無遺。⓬

　　總之，兒童及青少年時代的政治經驗，在某種情形之下對成年人的政治行為有重大的影響；同樣的，個性也僅在某種情況下對政治行為有重大的影響。個性既對政治有所影響，那麼，政治是否也影響個性呢？社會學者對此也有三種不同的說法。一是自我行動說 (self-action theory)，此說認為，事物之發生乃受自我動力而引發的，不受其他因素之影響。就個性與政治之關係而言，個性形成後難以改變。因此，個性會影響政治，但政治不會影響個性。

　　第二種學說是相互影響說 (interaction theory)。此說認為事物是獨立存在的，但是兩物在某種環境下，彼此出現時，會相互影響對方。再就個性與政治之關係而言，環境與經驗不但影響行為，也影響個性。

　　第三種學說是交易說 (transaction theory)，此說認為，事物並非獨立存在的，而是不可分離的，他們的存在形成共同的力量，引導事物的發展或萎縮。以此說運用到個性與政治之關係上，我們不難指出，個性與政治形成共同的力量，個性影響政治，政治改變個性。⓭

四、政治自我

　　那麼，個性又是如何影響政治，政治又是如何改變個性呢？這是通過政治自我 (political self) 而達成的。自我是個性的一部分。政治

⓬Fred I. Greenstein, *Personality and Politics*. Chicago: Markham Publishing Co., 1969. Ch.2.

⓭John Dewey and Arthur F. Bentley. *Knowing and the Known*. Boston: Beacon Press, 1949.

自我是自我中具有政治發展傾向之部分。道森 (Richard Dawson) 和普勒威 (Kenneth Prewitt) 認爲，政治社會化產生政治自我⓮。兹就採用理論，改變理論和任務理論討論政治自我之產生。

㈠採用理論 (**Theories of Adoption**)：這個理論也稱爲社會學習理論 (Social Learning Theory)。此說認爲，個人政治信仰，價值觀念和期望之養成和個人與他人往來之經驗，與事物接觸之經驗有關。這類經驗又可分爲直接之經驗與間接之經驗，或直接之學習與間接之學習兩種。

甲、直接學習 (direct learning)：個人可以從許多方面直接學習並獲得政治經驗。

(1)在與他人接觸時，模仿他人的政治思想、政治感覺和政治行爲等。如小孩之模仿父母之政治思想、政治感覺和政治行爲等，又如學生以老師之政治思想、感覺和行爲爲範典等。

(2)預期他人對個人政治觀念和行爲之期盼也是直接學習的經驗之一。如在政治訓練班中，學生預料到師長對他們政治觀念和行爲之期望，因此學生照師長所期望，觀察事物，思考問題，和採取行動。

(3)直接教育也是直接學習政治經驗之一。例如學生在公民課學到民主的思想和會議規範等。

(4)直接經驗，這指年輕人直接參與政治活動。助選就是最好的直接經驗。不論是在美國或臺灣，不少當年的助選員成爲當今的國會議員。

乙、間接學習：個人並非直接地與人、事、物接觸，吸取學習經驗，而是間接地與人、事、物接觸，間接地吸取學習經驗。例如，某人從電視、書本或電影中「認識」某人的英雄事蹟，以此爲模範，學習其

⓮Richrrd E. Dawson and Kenneth Prewitt, *Political Socialization.* Boston: Little, Brown Co. 1969. p. 17.

經驗，冀能創造英雄的功業。

以上的分類是純粹爲了討論之方便。 其實直接學習與間接學習，有時不能明顯區分， 實際上， 此種區分法也不能完全 的說明社 會學習 (social learning) 的過程。 依照社會學習理論的原則， 個人 學得多少， 不能由學習者決定， 而是由學習者和學習之對象， 共同決定的。但是， 社會學習理論的確提供了一個顯明的政治現象： 政治符號通常是被認爲政治報償的象徵。例如， 一個學童在學習的過程中， 爲獲得老師的讚許， 爲獲得優等成績， 必努力讀書， 冀獲得讚許和優等成績， 讚許和優等成績都是報償的象徵。將這種學習理論運用到政治傳播上， 「政治人」 在學習的經驗中， 知道什麼時 候該保持緘默， 什麼時候該發表意見， 以獲得政治報償。 這種經驗， 基本上與學童之學習經驗，並無二致。

㈡改變理論 (Theories of Change)： 社會學習理論强調人採用思想、情感和傾向的方法。這種理論對於思想、情感和傾向之改變並未加以解釋。改變理論， 有人也稱之爲和諧理論(consistency theory)，包括各種以意見之改變爲重點的理論模式。此種理論强調， 人不但認知一種符號或刺激 (stimulus)， 並解釋此一符號或刺激， 根據對此一符號或刺激所作之解釋， 發生反應。 改變理論的 各種模式 都重視認知 (cognitive)、情感 (affective) 和意動 (conative) 之學習。 換言之， 他們研究在何種情況下， 人之信仰， 價值觀念和期望會改變， 或發生不一致的現象。 這種理論的基本觀點是， 當一個人的思想、情感和行爲傾向發生不一致之現象時， 緊張 (tension) 的心理狀態隨卽產生， 此時人會設法調整自己思想、情感和行爲傾向， 以求和諧一致 (consistency)， 此卽 「改變」 產生之原因。 茲就三種模式加以說明。

甲、 平衡模式 (balance model)： 此一模式之理論着重於人之

信仰與價值觀念之不一致。當人相信某些事物是相似的，他會以相似的方法評估這些事物。例如，某甲喜歡某乙，某甲也喜歡某人或某事，如果某乙也喜歡某人或某事，則有平衡之現象。茲將此一理論運用到政治傳播上，某甲喜歡某乙，某甲也支持某一政府領袖的言論和政策，如果某乙不支持此一政府領袖的言論和政策，則在某甲之心理上產生不平衡和不穩定之現象。此時某甲之信念和價值觀念最易受到影響，引致改變。在前述之情況下，某甲會細心研究此一政府領袖之言論和政策，他不是改變某乙的政治信念和價值觀念，就是改變自己的政治信念和價值觀念。當然某甲也可改變對某乙之關係，以求得心理上之平衡。

乙、調和模式（ congruity model）：此種理論模式之重點在於評判（evaluations），而不如平衡模式之強調政治信念和價值觀念。茲以一九八二年夏天以色列入侵黎巴嫩事件為例，假定一個一向支持以色列的美國人士，對於以色列入侵黎巴嫩表示不滿，因此他在評判以色列的外交政策和軍事行動時，在心理上發生不調和的緊張狀態。如何減輕或消除此一緊張狀態呢？這要看此一人士支持以色列之堅定性而定，如果此人堅決的支持以色列，則對以國入侵黎巴嫩，打擊巴勒斯坦游擊隊的不滿情緒，會漸漸的緩和，以至於消除，則心理的不調和狀態也隨之消逝。反之，如果此人並不堅定地支持以色列，以國入侵黎巴嫩事件，使他對支持以色列的態度，重新評判。他對一切有關以色列入侵黎巴嫩的消息，會仔細的評判，這包括對消息來源（communication source）的評判，和對消息內容] （message）的評判，如果評判的結果，不能支持他原有之態度，就會發生意見之改變，以求心理狀態之調和。

丙、失調模式（dissonance model）：此一理論模式重視信念或認知（cognition）的失調。當一個人的信念互相衝突時，失調的心理

現象隨即產生。失調會引致信念的改變，以減輕衝突。這些信念對此人越重要，衝突的程度越大，由失調現象所引起之緊張程度也越高。在這種情形之下，改變信念之可能性也越大。再以前述的以色列入侵黎巴嫩，打擊巴游事件為例。此一支持以色列的美國人士一直認為，以色列是愛好和平的，不會入侵他國，也不會濫殺無辜。他也相信新聞媒體報導之真實性。但是，他在報紙上、電視上、廣播上和雜誌上都看到或聽到以色列軍隊以無比強大的軍力摧毀貝魯特建築物，殺傷數以千萬計的老百姓。在這種情況下，此一人士的兩種信念互相衝突，因此造成心理失調的緊張現象。根據失調理論，此人可能採取兩種步驟以減輕或消除此一失調現象，一即改變對以色列的態度，不再相信猶太人是一愛好和平之民族，不再相信以色列是一愛好和平之國家。二即改變對新聞媒體報導真實性的信念，認為新聞媒體報導不實，甚至對猶太人存有種族歧視之偏見。不論何種方式被採用，態度之轉變因此產生。

　　㈢任務理論 (Role Theories)：此種理論認為政治學習是一種採擇和適應的過程。通過任務的採擇和任務的扮演，使政治自我能符合他人的期望。這種理論具有三個特點：

　　　　甲、政治學習受人與人之間關係的影響。這個觀點與任務之採擇（role taking）和任務扮演 (role playing) 有關。這一理論強調以自己的觀點來界定自我，也從他人的觀點界定自我。任務之採擇是一種心靈的活動 (mental activity)，一方面想像他人對自己所具有之信念、價值觀念和期望，另一方面界定自己的信念、價值觀念和期望，比較兩者差異，適當的採擇自己的任務，使自己的信念、價值觀念和期望符合他人對自己的信念、價值觀念和期望，傳播是達到此一目的之最佳方法。通過傳播，個人可以想像或瞭解他人對自己之期望。因此，政治交談 (political talk) 是發展政治自我的主要工具之一，它允許個人採擇

適當的政治任務。

傳播對於任務之扮演也極為重要。所謂任務之扮演是指在某一狀況下，某人所表現之適當行為，如立法委員之任務，政治記者之任務，候選人之任務等。

因此，任務之選擇是心靈的、觀察不到的活動。任務之扮演是可以觀察的政治行為。

乙、政治學習也是累積的。正如其他的學習，政治學習分幾個階段。最早之階段可稱為準備階段，大約在嬰兒至兩歲之間。任務之採擇很少在此一階段發生。但是從模仿成年人之行為中，幼童也會初步的採擇某種任務，例如幼童拿着報紙，模仿大人讀報的樣子。這種行為在政治自我的發展中，具有重要的意義，也奠定此後兩大發展階段的基礎。

一為假裝(pretending)之階段，又稱為遊玩階段 (play stage)，年齡約在兩歲至七歲之間。例如兒童假裝為「父親」、「母親」、或「老師」，兒童辦家家酒或玩官兵捉強盜的遊戲，也都是「假裝」階段的良好例子。但是，在這個階段，兒童的任務採擇是不定型的，時而作父親，時而作老師，時而作官兵，又時而作強盜，任務時常在變化。在此一階段的兒童，以自我為中心，通常不顧他人之論點，冀以自己的想法和感覺同化他人。

另一階段為模擬 (imitating) 階段，起於七歲，終於十一歲。在這一階段的兒童有較大之適應性。兒童開始接納他人的意見，任務之採擇漸趨穩定。米特 (George Herbert Mead) 稱此一階段為遊戲階段 (game stage)，也是「自我完成之階段」。在每一場遊戲中，每一個參與者預估他人的企圖和期望，希望自己能在這場遊戲中作為良好的、受歡迎的參與者。在此一階段，兒童的以自我為中心之行為漸漸為以社會為中心之行為所取代。兒童揣摩他人之心意，學習能為社會大眾所接

受之行爲。就政治學習而言，兒童在此一階段學習政治人物、政治制度
和規則，知道什麼是政府該做的，什麼是政府不該做，什麼是作爲一個
公民所該做的，什麼是作爲一個公民所不該做的。

丙、政治學習是適應性的。有政治意識之公民備有充分發展之政治
自我，會適應政治環境之變化，會以開放的態度接受政治傳播的訊息。
在另一方面，具有此種能力的公民，也能使政治環境適應他的政治信
仰、價值觀念和期望。

政治適應力對一個政治傳播者而言，異常重要。在本書前章論及說
服技巧時，我們提到說服者應顧及閱聽人之利益。說服者應以閱聽人之
利益爲利益，閱聽人才會接受說服，進而以說服者之利益爲利益。這也
就是政治適應性的另一說法。換言之，政治說服者適應閱聽人之利益，
閱聽人才會接受說服，進而適應說服者之利益。再就任務原理而言，政
治說服者應採擇閱聽人之任務，始能進行有效之說服，蓋政治說服者在
採擇閱聽人之任務後，製造一種與閱聽人「認同」之形象，其最終之目
的在使閱聽人與政治說服者「認同」。

欲達到此一階段之政治說服力，政治傳播者應具有充分發展之政治
自我。這並不是說每一個人都能具有充分發展之政治自我。每人達到此
一階段之年齡也不相同。一個人的政治自我能發展到何種程度端視經常
所接觸之政治傳播來源、頻道和訊息而定。

五、政治傳播的來源、頻道和訊息

一個人的政治自我成長到相當成熟之階段以後，政治自我會幫助他
表達政治身份，如政黨的黨員，領袖或幹部，又如支持政府的份子或反
政府的份子。政治自我也能幫助判斷政治事件和人物，如接受或反對某

種政策，支持或反對某一政治人物。同時政治自我也能助他達到某種政治目標。因此，政治自我有三種功能，卽表達的、判斷的、和工具的功能。

其實政治自我發展主要是一種接受政治符號、適應政治符號和運用政治符號之過程，換言之，政治自我發展之目的在於採用和修改有意義之政治符號，使其提昇其表達的、判斷的和工具的功能。政治自我的內涵主要是在參與人際傳播、組織傳播和大衆傳播的活動中得來的。

㈠**人際傳播的政治社會化之內容**：人際傳播中有兩個主要頻道對政治學習或政治社會化的影響至大，它們是家庭與同伴（peers）。過去的政治社會化研究往往指出，子女之政治傾向與父母之政治傾向有相當程度之相同性。但是近期的研究發現，以前的研究也許過份的强調家庭在政治社會化中之重要性，同伴和大衆傳播媒體之重要性也不可忽視。⑮

甲、家庭：在研究家庭在政治社會化中所佔之地位，我們應注意子女在家庭中學習到什麼政治常識，更應討論這些學習是如何發生的。

家庭對政治自我內容之貢獻在於表達性和判斷性的行爲，而不在於工具性的行爲。例如，兒童在家庭中認識自己的國家，也學習到熱愛自己祖國的需要。無論在國內或海外，中國家庭的兒童都能自認爲中國人，而非美國人，或他國人，認國旗爲「我們的國旗」，而不僅是「我的國旗」，認國歌爲「我們的國歌」，而不僅是「我的國歌」。猶太人不論居住世界上任何角落，都向以色列「認同」，世界各地的猶太人不

⑮Frank R. Scioli and Thomas J. Cook, "Political Socialization Research in the United States," in Dan Nimmo and Charles M. Bonjean, eds. *Political Attitudes and Publiic Opinions*. New York: David McKay, 1972. pp. 154-157.

但不斷地踴躍輸將，有的美籍猶太青年且回以色列參軍作戰。這種熱愛祖國的情緒，不是在學校和社會上培養起來的，而是在家庭中培養出來的。父母兄姐往往是一個人早期政治學習中的最有影響力的政治傳播者。

近期在美國進行的政治社會化之研究發現，家庭對兒童政治社會化之影響有逐漸減少之趨勢。早期的研究指出，在美國的中等家庭中，父母的政黨歸屬性往往決定子女的政黨歸屬性。父母為民主黨員，子女也登記為民主黨員；父母為共和黨員，子女也登記為共和黨員。在父母的黨籍不同時，子女多以父親的政黨為自己的政黨。但當父母因黨籍不同而引起家庭糾紛時，子女則登記為無黨派份子 (independents)。一九七三年的研究指出，父母對子女黨籍之影響力較之一九六五年的發現減少了一半。子女已不再忠於父母之政黨。子女對政黨的歸屬有自己之意見。最近的研究又指出，不論父母屬於那一個政黨，有一半以上的子女宣稱自己為無黨派人士。⓰

除了家庭對子女之表達性的政治行為有所影響之外，家庭對子女之判斷性之政治行為也有相當之影響力。兒童對政府和法律之認識多來自家庭。政府和法律對兒童而言都是抽象的名詞。家庭教育幫助兒童將政府和法律之觀念具體化。兒童對政府之認識是從認識政府高級官員開始，如總統、總理、院長、主席、部長等；同樣地兒童對法律之認識是從認識執行法律的人物開始，如警察、法官等。

以美國而言，在越戰和水門事件發生之後，兒童對總統之尊敬和感

⓰ "Generation Gap Narrow on Political Issues, Ideology," IRS Newsletter 4(Winter, 1976): 3, 6; M. Kent Jennings and Richard G. Nienic. "Continuity and Change in Political Orientation: A Longitudinal Study of Two Generations." *American Political Science Review* 69 (December 1975): 1316–1335.

情，大爲低落。兒童對警察之敬重，也不如前，這種情形在黑人家庭中尤其顯著。⓱

　　一般而言，家庭份子間的溝通，導致家庭份子間持有相同的政治信念、價值觀念和期望，分享相同的政治符號。溝通是雙向的，並不是由父母傳遞給子女的單向傳播。固然父母對子女早期的政治社會化有其影響力，研究報告指出，在開放的家庭中，父母多允許子女表達政治意見，父母允許子女持有不同的政治意見，會使子女對政治之認識愈深愈廣，也使子女更可能參加政治活動，更信任政府和政治領袖。因此，父母對家庭政治氣氛之控制或開放、家庭政治傳播是單向或雙向的，是發展政治自我的重要因素。

　　乙、同伴：同伴包括一個人親近的朋友，工作的同僚，少年時代的鄰居遊伴和各級學校的同學。同伴對一個人終生的政治社會化都有莫大的影響。高中時代的同伴對政治社會化之影響往往超過家庭和學校的政治課程。研究報告指出，高中時代的同伴，對於獲得政治能力以及對與青年人有關之政治問題之意見，有極大之影響力。如果一個青年在高中時代尙無堅定的政黨意識時，高中同學對於決定此人之政黨歸屬性也有極重要之影響力。⓲

　　由於同伴與本人通常是屬於同一社會階層，因此，同伴往往加強本人已有之政治信念、價值觀念和期望，而非改變已有之政治信念、價值觀念和期望。

　　㈡組織傳播的政治社會化之內容：學校是影響青少年政治自我發展

⓱Edward S. Greenberg, "Orientations of Black and White Children to Political Authority," *Social Science Quarterly,* 51 (December 1970): 561-571.

⓲Martin L. Levin, "Social Climates and Political Socialization," *Public Opinion Quarterly,* 25 (Winter, 1961): 596-606.

之最主要的組織。關於其他組織如政黨對政治社會化之發展已在宣傳一章中討論過。因此，本節僅就各級學校，如小學、中學和大學對於一個人之政治社會化之內容形成過程加以討論。

甲、小學：在討論學校對一個人之政治自我發展的影響，我們應注意到整個學校的環境對一個人之影響，也應注意到與政治有關之課程對一個人之影響。

在小學階段的課程以及課外活動可奠定一個人對國家、民族、國旗、國歌、領袖根深蒂固的熱愛和尊敬。在這一階段，老師的諄諄敎導，以身作則，尤其重要。公立小學集社會各階層的子女於一堂，兒童的課外交往可以打破看不見的社會界限，有助於建立和諧的政治社會。據美國的研究，在這種情形之下，低收入階級的子女往往有接受中產階級子女的政治信念、價值觀念和期望之趨勢。[19]

私立小學的社會階層較爲單純，多爲中產階級子女的集中地。這種環境有加强中產階級的政治信念、價值觀念和期望之趨勢。在這種環境中接受敎育之兒童很少有機會接觸來自低收入家庭之子女，在政治自我的發展上是一種缺陷。

乙、中等學校：前已說過，中學時代的同學對一個人政治自我之發展是一個重要的影響因素。在美國所做的研究報告指出，對大部分的中學生而言，學校的課程對政治自我的發展並不是一個重要之因素。但是這也不能一概而論，要看學生的家庭的敎育和經濟條件而定。來自中上階層的中學生，由於受家庭環境之影響，在進入中學以前，已經有了基

[19] Bernice L. Neugartan. "Social Class and Friendship among School Children." *American Sociological Review*, 51 (January 1946): 305-313; Kenneth P. Langton. "Peer Group and Schol in the Political Socialization Process." *American Political Science Review, 61* (September 1967): 751-758.

本的，根深蒂固的政治信念、價值觀念和期望，教科書和老師的影響，非常有限。來自低收入之家庭，尤其是父母 教育水準 低的家庭之中學生，家庭環境對學生政治自我發展較少，因此受教科書和老師之影響較大。不過無論來自何種家庭，中學時代的同學對政治自我之發展有顯著之影響。[20]

　　丙、大學：　在談到大學對政治自我發展之 影響時，我們首 先要指出，不論是在中國或其他國家，只有少數人能有機會接受大學教育。以一九七〇年代美國登記的選民而言，其中只有三分之一受過大學教育。在中國大陸上，只有百分之四的大學年齡的青年，能够幸福接受大學教育。因此，大學教育或大學的環境即使對一個人的政治自我之發展有所影響，此種影響也只能達到社會上的少數人而已。

　　在大學時代，學生有機會廣泛地接觸各種思想、各種不同階層的人士，這種機會是在小學和中學時代所想像不到的。無疑的，熱衷政治的學生在大學時代可以進一步的發展政治自我。當然，大學生的政治自我之發展較之同年齡之非大學生之政治自我之發展較爲成熟，這也可說是受大學教育影響所致。但是，其中是否也有若干成份是因爲大學生與非大學生之家庭背景之不同所引起的？這是一個尚待進一步研究的問題。

　　㈢大衆傳播的政治社會化之內容：　在以前各章中，我們不僅一次的討論到大衆傳播媒體在政治傳播之功能和地位。我們談到大衆傳播對政治選舉之效能，大衆傳播之「議程設定」功能，大衆傳播對民意之影響，大衆傳播對資訊傳遞之影響，大衆傳播對塑造政治人物形象之影響等，本章所討論的是大衆傳播對初期的政治學習，也是政治社會化之影

---

[20]M. Kent Jennings and Richard G. Niemi, *The Political Character of Adolescence*, Princeton: Princeton University Press, 1974, Chapter 7.

響。

在一九五〇年代及一九六〇年代初期的有關政治社會化之研究，並不重視大眾傳播對政治社會化之影響。在這一時期學者認為家庭與學校對政治自我發展之影響遠超過大眾傳播之影響力。最近的發現，對前述理論已有所修正。大眾傳播媒體顯然是兒童的主要政治消息來源。一項研究發現，三分之二的美國小學學童觀看晚間電視新聞。他們列電視為最主要的政治消息來源，老師、父母和朋友為次要的政治消息來源。他們也以大眾傳播媒體之政治意見為自己之意見。[21]

學者們大致上同意，兒童使用大眾傳播媒體增加他們對政治之認識，使他們對政府之認識從抽象的觀念發展到實際事件，使他們不再以少數的政府官員代表政府，使他們瞭解政府是根據憲法而組成之機構，政府的官員會更換，而合法的政府繼續存在。

學者們也同意，大眾傳播也許對一個人外在之政治行為之影響，不如對政治訊息之獲得和對政治事件判斷之影響為大。研究報告指出，一個人參與政治活動之程度，和此人使用大眾傳播媒體之類別有關。使用印刷性大眾傳播媒體（如報紙、雜誌和書籍）和政治活動之相關性高於使用電子大眾傳播媒體（如電視和廣播）和政治活動之相關性。[22]

---

[21]Steven H. Chaffee, et al. "Mass Communication and Political Socialization." *Journalism Quarterly.* 47 (Winter 1970): 647-659, and Charles Atkin, "Communication and Political Socializations" *Political Communication Review.* (Summer 1975): 2-6.

[22]Steven H. Chaffee, "Mass Communications in Political Socialization," in Stanley A. Renshon, ed, *Handbook of Political Socialization.* New York: The Free Press, 1977.

五、結 論

　　大部分研究政治社會化的學者同意，兒童時代的政治學習之經驗，特別是在兒童時代所發展的政治信念、價值標準和期望對未來的政治行為有不可忽視的影響。本章從性格理論的分析，討論到性格與政治之關係，又從政治自我發展之理論分析，討論到人際傳播、組織傳播和大衆傳播對政治自我發展之影響。一般而言，從人際傳播，兒童學習到表達性的、判斷性的政治行為。換言之，兒童在人際傳播中學習到如何表達對國家、民族、國旗、國歌、政黨和政治領袖之熱愛和尊敬，也初步地學習到判斷政治之是非，正義與不正義，公平與不公平。從組織傳播中，特別是從學校的學習和環境中，兒童加强了從家庭和同伴處學習到的政治信念、價值觀念和期望。從大衆傳播中，一個人獲得政治的消息。在兒童時代，一個人也往往以大衆傳播媒體所表達之政治意見為意見。大衆傳播媒體使用之種類與一個人參與政治活動之程度——積極或不積極——也有若干的相關性。

　　政治自我之發展是一個連續不斷之過程，與其他之學習經驗一樣，它始於襁褓，終於墳墓。不過兒童與青少年是一個重要的發展期。

第九章 政治傳播研究方法

一、前 言

社會及行為科學家使用社會及行為科學研究方法鑽研政治傳播的問題。他們使用社會及行為科學研究法、技巧及步驟，冀求進一步的瞭解政治信念、價值觀念和期望。本章之目的不在於闡述各種研究法、技巧和步驟，而在於簡單的介紹若干種普遍使用的研究法、技巧和步驟，使讀者對政治傳播學之研究有簡單的概念。讀者如欲對研究法作進一步的瞭解，尚請參閱研究法專著。❶

二、研究法基本分類

❶請參閱楊國樞、文崇一、吳聰賢、李亦園編社會及行為科學研究法，臺北：東華書局，民國六十九年十一月三版；Abraham Kaplan, *The Conduct of Inquiry,* San Francisco; Chandler Publishing Co., 1964;

本章擬介紹五種研究法，卽集體研究法 (aggregate studies)、調查研究法(survey studies)、實驗研究法 (experimental studies) 、事後回溯研究法 (ex post eacto studies) 與內容分析法 (content analysis) 。

㈠集體研究法：此法可說是社會及行爲科學研究法中歷史最久的方法之一，其對象是某種人口的總體，而非個人。如凱氏 (V. O. Key, Jr.) 和曼格 (Frank Munger) 用此法研究美國印第安那州民主、共和兩黨選民投票的模式。他們所研究的不是個別選民的投票意向，而是以郡 (county) 爲單位，分析一八六八年和一九○○年兩次大選中，民主、共和兩黨在各郡得票之百分比等。顯然的，這是以每郡參加投票之選民總體爲分析之對象。❷

政治學家藍尼 (Austin Ranney) 稱集體研究法爲「選擧行爲之生態研究」(ecological study of electoral behavior)，旨在瞭解政黨與選民間之相互關係，以及製造此關係之法律和社會背景。❸研究者通常想從選民之政治、社會、經濟及教育資料中尋求投票之模式。正如藍尼所說的，研究者想從他們自認爲重要的相關觀點說明政治行爲。

集體研究法之優點是，選民投票之資料通常可從地方政府及人口普

Engene J. Mechan, The Theory And Method of Political Analysis, Homewood, Ill.: Dorsey Press, 1965.

❷V. O. Key, Jr. and Frank Munger. "Social Determinism and Electoral Decision: The Case of Indinna," in Engene Burdick and Arthur J. Brodbeck, eds. *American Voting Behavior*. Glencoe, Ill.; The Free Press, 1959, pp. 281-299.

❸Austin Ranney, "The Utility and Limitations of Aggregate Data in the Study of Electoral Behavior," in Austin Ranney, ed, *Essays on the Behavioral Study of Politics*. Urbana: University of Illinois Press, 1962 p.93,

查局中獲得(指美國而言)，研究者可從這些資料作長期性的比較研究。其缺點是在資料不完整的研究環境內，無法使用此法。同時，集體研究法也無法研究選民個人的政治信念、價值觀念和期望。

㈡調查研究法：此法是想以對少數人之訪問調查，而獲得多數人之資料。民意測驗是使用此法而獲得資料之典型例子。

研究者應先對調查對象之「羣體」(population) 加以界說。如在臺北市議員選舉之前，某選區之候選人欲知本人當選之可能性及本選區內選民所關心之問題，決定舉辦一次民意測驗，其中步驟之一是對該選區之選民下一定義，以便確定調查對象之「羣體」。

由於受人力、物力、時間上的限制，研究者常常無法對研究對象之「羣體」全部加以研究，僅能從「羣體」中抽取一部分「樣本」(sample)加以研究，希望從樣本所得之結果，來說明整個羣體的情況，關於選樣之理論、步驟和技巧等將於另節介紹。

因此，調查研究法着重於個人的政治信念、價值觀念和期望之調查，而非總體之調查。但是，研究者希望個人資料之集合能反映「羣體」之政治信念、價值觀念和期望。研究者亦可從調查研究中發現意見與個人之社會、經濟、心理、政治或其他特性之關係。

㈢實驗研究法：在典型的實驗研究中，研究者將接受試驗者分爲控制組 (control group) 和實驗組。兩組試驗者都接受某種試驗，如接受訪問對某一政治問題發表意見。然後實驗組組員接受某種刺激 (stimuli)，如接受某種說服訊息，控制組組員則不接受此種訊息。隨後兩組組員再接受訪問，以便發現作爲刺激之訊息，對試驗者之意見有無影響。研究者應特別控制外來無關變項 (extraneous variable) 以免影響研究之結果。

此種研究法之優點係研究者可抽取極少數的人，在控制的情況下，

重覆試驗，當然每次接受試驗者不必是同一「樣本」。試驗者所感興趣者不是意見之分配情況；而是在某種情況下，接受某種刺激，是否產生預期的某種效果。

有人批評此種研究是在人爲的環境中進行，其研究結果不一定適用於眞實的政治環境。在眞實的政治環境中，有許多因素是不可能被研究者作人爲之控制。再者在美國的學術環境中，研究者幾乎都是大學教授，爲了研究方便，常以自己的學生作爲試驗者。從試驗大學生對某種刺激之反應，其結果可能與非大學生接受某種刺激之反應有所不同。

㈣事後回溯研究法：　如前所述，很多政治行爲之發生是無法預測的，也不是在可以控制之環境中發生的。再者，一個人之政治信念、價值觀念和期望之形成不是用控制和試驗之方法可以探其究竟，也非用操縱的「自變項」（independent variable）和所觀察之「依變項」（dependent variable）測量結果所能解釋。因此，事後回溯研究法在政治傳播中成爲一項常用的研究法。

在實驗研究中，研究者操縱自變項X，希望發現X對依變項Y有何影響。在事後回溯研究中，研究者發現Y之存在，希望回溯發現導致Y的發生因素X。這是兩種研究法不同之點，也是事後回溯研究法之特點。在政治傳播中，吾人已知有某種政治行爲之發生（例如百分五十以上具有大學程度之選民投某一候選人之票），研究者可用事後回溯研究法，發現導致此種政治行爲之因素（如候選人用某一特殊競選策略，拉攏受高等教育之選民）。

㈤內容分析法：內容是傳播過程中的主要元素之一，傳播之內容有語言文字之內容、符號之內容等。內容分析法可用於對演說內容、文字、照片、報紙內容、廣播內容、電視節目，和非語言文字所能完全表達的身體動作（body movements）。內容分析法也用抽樣的方法研究

少數的內容，期能反映全體之內容。但是，近年來電腦科技的發達，已使研究者不必抽樣，而用全體內容作爲分析之對象。

內容分析法之缺點在於內容之意義因人而異，研究者對內容意義之解釋，不一定與閱聽人對此一內容之解釋相同。其次，內容分析法假定，內容出現次數對政治行爲有重要之影響，這種假定也不一定合理；另一假定是，內容出現之次數表現傳播者之政治意圖，此說也不一定合理。再者，如果我們相信麥克魯漢 (Marshall McLuhan) 的理論——「媒體就是訊息」，則訊息之內容，不如傳遞訊息的媒體重要。

內容分析法固有上述缺點，但是對於明顯的傳播內容作客觀而有系統的量化的研究法，內容分析乃不失爲研究政治傳播的重要方法之一。

三、研究過程中常遇之問題

使用以上各種研究法常會遇到許多共同的問題，例如，如何取樣，如何寫問卷，何時發問，如何接觸等問題。這些問題也是研究技術的問題，這與資料的收集、處理、分析和解釋有關。

㈠如何取樣：在政治傳播中取樣之對象，除極少數例外，是人。從經濟和時間觀點而言，幾乎不可能在每一個研究，將所有參與某政治傳播活動的人都包括在內。因此，「取樣」是研究政治傳播的人必備的知識和技術。研究者從羣體 (population) 中取出一部分樣本 (sample) 來分析，再由樣本所得之結果，來解釋整個羣體的情況。

「取樣」的代表性是研究者常遇的問題之一。樣本是否具有代表性，當然與樣本大小有關。但是，更重要的是取樣之方法。概略言之，取樣之方法可分爲隨機取樣，和非隨機取樣兩種。

所謂隨機取樣，卽在羣體中隨機抽取若干個體爲樣本。隨機與任意

不同，後者是隨意抽取，並無一定的原則；前者是不受人爲操縱，而係依照機率（probability）的原則，抽取個別的分子。每一個被抽取之分子並不一定具有代表性，但是集合這些被抽取之分子成爲一個樣本時，這個樣本具有相當程度的代表性。茲分述幾種常用的隨機取樣方法如下：

簡單隨機取樣法（simple random sampling）：這是隨機取樣法中最基本的取樣方法。首先，研究者應將羣體中每一個體加以編號，將這些號碼澈底的混亂之後，隨手抽出若干號碼。因每一號碼代表一個個體，這些被抽取的若干號碼，也就代表若干個體，這些個體也就組合成一個樣本。

簡單取樣法之優點在於簡單方便。但是，如果羣體甚大時，這一優點也成爲缺點了。試想編排幾十萬、幾百萬個號碼，豈不是一個繁複的工作！再者，如果羣體內之個體性質複雜或異質（heterogeneous）甚大時，此種取樣法無法依照特質之分配取樣，這種樣本代表性大爲減少。

談到簡單取樣法，不能不談系統取樣法（systematic sampling）或等距取樣法（interval sampling）。此卽在羣體中抽取樣本時，每隔某一相等距離卽抽取一個個體。例如在電話簿中，每隔五十名抽取一個號碼。因等距取樣法是一簡單取樣法，每一個個體有同樣的和一定的機率被抽取，故第一個個體也應隨機抽取。如果第一個個體是人爲操縱的，則其他依照等距抽取之個體，並無同樣的和一定的機率被抽取。

隨機取樣法也可利用亂數表（random number table）抽取個體。幾乎所有的基本統計學書和社會及行爲科學研究法書籍都有亂數表及其使用方法。

分層取樣法（stratified random sampling）：簡單取樣法最適

宜於羣體中個體差異小，分佈均勻的情況下。當羣體中個體之差異甚大，且分體不均勻時，最好採用分層取樣法，以提高樣本的可靠性。分層取樣法根據研究的目的將羣體中之個體分為若干層（stratum）或若干組，然後在各層或各組中以簡單取樣法，隨機取出若干個體作為樣本。各層中所抽出樣本數量與全體樣本之比率，應與每一層個體數所佔數體中個體數之比率相同，故此法又稱為比率取樣法（proportional sampling）。例如，某教授採用分層取樣法，測驗某大學應屆畢業生對婚前性行為的看法，測驗的目的是擬發現男女學生對此觀點之異同處。茲假定該校應屆畢業生共有一千人，女生佔百分之五十五，男生佔百分之四十五。某教授若在一千位學生中以隨機取樣法抽取一百名（樣本）訪問，則在此樣本女生應佔百分之五十五，男生應佔百分之四十五。吾人應特別注意者，非但是樣本之比率，更重要的是分層的適宜性，也就是如何分層和分層之標準。此外，分層多少與樣本大小，對於樣本的代表性關係亦大。一般而言，分層愈多愈細，樣本愈大，則其代表性亦愈大。

類聚取樣法（cluster sampling）：此法是以類為單位，不以個體為單位的取樣法，其目的在於使所抽取之樣本不致於分散各地，以節省研究者的時間和精力。此法與分層取樣法有相同之點，即先將羣體分層或分類。其不同之點在於，分層取樣法在分層之後即以個人或個體為單位抽取樣本，類聚取樣法可以繼續以類為單位分段抽取樣本，最後當然仍以個人或個體為單位抽取樣本。茲舉一例，民國七十一年，臺灣省民政廳長劉裕猷認為地方選舉選風不良，臺省鄉鎮長應改為官派。此說雖經內政部長林洋港作政策性之聲明，認為劉裕猷所說的僅代表其個人意見，不代表政府之政策，但是劉廳長的「個人意見」已引起輿論的廣泛注意與評論。茲假定，某新聞機構對此事在全省各鄉鎮舉行民意測

驗，期發現全省鄉鎮民是贊成民選鄉鎮長，還是贊成官派鄉鎮長。此一研究主持人擬抽取一千二百名鄉鎮民作爲訪問對象。他如果採用簡單隨機取樣法，不但要將全省各鄉鎮之合格選民編號，且抽取之樣本分散各地，有的在北部的汐止，有的在接近中部的龍潭，有的在南部的龜山，有的在東部的長濱。由於樣本分散各地，訪問調查費時費力。因此，研究主持人決定採用類聚取樣法，他先以縣爲單位，在臺灣全省各縣中，用簡單隨機取樣法抽取五個縣。茲假定，這五個縣共有三十五個鄉鎮，研究者決定在這三十五個鄉鎮中用簡單隨機取樣法抽取五個鄉鎮。再假定，這五個鄉鎮中共有七十五個村里，研究者決定在這七十五個村里中，用簡單隨機選樣法抽取十個村里，最後在這十村里中用簡單隨機選樣法抽取一千二百名選民加以訪問。此法可使樣本較爲集中，研究者可節省人力和財力，其弊病在於代表性欠佳，尤其是在羣體中之個體差異甚大，樣本之代表性更低。就前例而言，各鄉鎮因地理位置不同，民俗不同，教育程度不同，經濟環境不同，暴力與金錢介入選舉之程度不同，鄉鎮長候選人之素質不同，都可能影響各地區選民對此一問題之看法。但是爲了節省研究經費，這種缺點也是研究者應付之代價。

與隨機取樣法相對的是非隨機取樣法 (nonprobability sampling)，此法對各個體並無均等抽取之機會，並不符合機率原則，但是有些研究工作，爲了符合研究目的，也因受時間之限制，不得不用非隨機取樣法。例如某報的總編輯，在截稿兩小時前，決定對某一突發事件，作一民意測驗，該報研究人員爲了完成此一任務，幾乎不可能採用科學的隨機取樣法抽取樣本，他很可能採用臨時取樣法 (accidental sampling)。換言之，他隨便在街頭訪問若干人，或隨便抽取（並非隨機抽取）若干電話號碼，作電話訪問，這種取樣法毫無法則可循，只是抽取到一定數目爲止。

　　另有兩種常用的非隨機取樣法：立意取樣法 （purposive sampl-ing） 和配額取樣法（quota sampling）。研究者根據個人之方便，依照個人的需要、意願與經驗，選取具有某種特性之個體作爲樣本。在政治傳播中，例如研究者擬預測某一選舉之結果，他依照個人的經驗，以及各選區過去投票之結果，發現在過去卅年中某一選區投票之結果，總是與大選之結果相似。因此，爲了方便起見，該研究者不用隨機選樣法，而用立意選樣法，選取該一選區作爲樣本，然後在該區內用隨機選樣法集中的研究選民意願之動向。使用此法者成功之程度多少靠運氣，希望沒有特殊的事件發生，不會打破過去卅年的投票模式。

　　至於配額取樣爲研究者按照某種旣定之標準取樣，此一標準可能是性別、職業、敎育程度、年齡等。此法與分層取樣法不同之點在於分層之後，採用配額取樣法的研究者可以任意選取個體至塡滿配額爲止。採用分層取樣法者在分層之後，應採用隨機取樣法以塡滿配額。

　　㈡如何設計問卷：問卷 （questionnaire） 是研究者用來收集資料的工具。因研究性質或目的的不同，問卷可分爲兩大類：結構問卷 （structured questionnaire） 與無結構問卷 （unstructured ques-tionnaire）。

　　無結構問卷並非毫無結構，而是結構較爲鬆懈之問卷。訪問者也有事先準備的問題，在不變更內容與方向之條件下，訪員可作相當程度的自由運用，如變更問題的順序等。無結構問卷之問題可以讓被訪者自由回答。因此，研究者往往可以得到深入的答案。這種問卷適用小樣本，作重點之訪問。

　　結構問卷又可分爲限制式問卷 （closed-ended questionnaire） 和開放式問卷 （open-ended questionnaire） 兩種。在限制式的問卷中，被訪者不能隨意回答，必須按照研究者的設計，預先編製的答案圈

選一個或數個。例如：

　　「政府的就業政策應做到每個願意工作的人都能得到工作。」

　　　□同意；□未定；□不同意。

上述的問題强迫被訪者在三者中選擇一答案。

　　開放式問卷允許被訪者自由回答問題。上述的問題可以改爲開放式的問題：

　　「你對政府的現行就業政策有何意見？」

這種形式的問題不限制被訪者的回答，被訪者可在問題範圍之內說出意見。這種方式的問題的好處在於可以深入的討論問題，壞處在於不易統計，費時費力，增加研究費用的開支。

　　問卷的內容也可分爲兩大問題，即事實和態度。事實的問題乃指與基本事實有關之問題，如年齡、性別、教育程度、每月收入等。另一類事實之問題係指被訪者之實際行爲，如：

　　「你有沒有在上屆公職人員選舉中擔任助選工作？」

　　「你有沒有在上屆公職人員選舉中投票？」

　　至於態度問題乃指與意見、信仰、情感、價值等有關之問題。這類問題通常用「評定量表」（rating）測量受測者之態度，故亦稱之爲「態度量表」（attitude　scale）。最通用之「態度量表」爲「Likert量表」。這種方式之量表法通常使用五個等級表示强弱度。再以前述之政府就業政策爲例：

　　「政府的就業政策應做到每個願意工作的人都能得到工作。」

　　□極同意；□同意；□未定；□不同意:□極不同意。

　　當然 Liker 量表法也可用三等級，甚至於兩分法。

　　另一形式之量表法爲「語義分析法」（semantic　differential　scale）。此法通常是取兩個在意義上相互對立之形容詞，放在兩端，全

部共有七個等級，這表示由兩極端到中間等級之距離相等，中點位置是屬於「中性」，旣不偏右，亦不偏左。玆擧一例，研究者欲測量者受測者對「民主」信仰之强度，可將「强——弱」兩個相互對立之形容詞放在兩端，由强至弱之數字爲 1、2、3、4、5、6、7。如某甲認爲對「民主」具有極强烈之信念，可畫①，對「民主」信念不强亦不弱可畫④，對「民主」具有極微弱之信念，可畫⑦，研究者可用各種統計方法計算個人之語義差異。

　　第三種常用之計量態度之方法是等第順序法 (method of ranking order)。 研究者要求受測者對某事、某物、某現象依某種屬性由「最高」（最好、最多）順序排列至「最低」（最壞、最少）。例如，某政黨在提名候選人前，提出五個候選人，請黨員就他 們 五 人 之「可當選性」的高低加以評判，受測者可將具有最高當選性之人排在第一，次高的人排在第二，以此類推。 Q方法論 (Q methodology) 中也用等第順序法來分類。

　　㈢如何分析內容: 內容分析 (content analysis) 法，已廣泛地應用在社會和行爲科學之研究上。貝爾森 (Bernard Berelson) 曾對內容分析法作一定義。他說，內容分析是對於明顯的傳播內容作客觀而有系統的量化，並加以描述的一種研究方法。❹換言之，內容分析是在分析明顯的傳播內容，用客觀系統的方法計量傳播之內容，並依據量化之資料， 對傳播之內容作描述性 (descriptive) 的分析。 傳播之內容不僅包括大衆傳播之內容，如報紙、雜誌、電視、廣播、電影或書籍等，

❹關於內容分析法，請參閱 Bernard Berelson, *Content Analysis in Communication Research*. Glencoe, Ill.: The Free Press. 1952. 與 Robert C. North, el al, *Content Analysis*. Evanston, Ill.: Northwestern University Press, 1963.

並包括非大眾傳播之內容，如函件、文件、演說稿等。如前所述，內容分析法是研究政治傳播的主要工具之一。

就內容分析的方法而論，抽樣是此法成功與否的關鍵所在，蓋內容分析是以頻率分配（frequency distribution）的狀況為基礎，故選樣應以隨機抽樣為準則，且範圍應廣，選樣宜大，以求樣本完備。內容選樣的第一步驟是決定內容的羣體。確定內容的羣體應注意其完整性與特殊性。假定吾人擬研究一九八〇年美國兩黨總統候選人的電視廣告之內容，其羣體包括卡特和雷根兩人的所有之電視廣告，其特殊性乃限定其研究之對象為卡特和雷根兩人之「電視」廣告，不包括第三黨或獨立無黨派之總統候選人如安德森者在內，也不包括卡特和雷根之非電視廣告，如廣播和印刷媒介之廣告在內。決定羣體之後就以隨機選樣法抽取樣本。

內容分析的類目和分析單元之決定是下一步驟。這與研究之目的和設計有關。分析之類目可借用業已在其他研究中成立之類目，也可自行設計。以候選人之政治廣告而言，可分為電視廣告、廣播廣告和報紙廣告等。就分析單元而論，電視和廣播之廣告，則以秒為單元，如三十秒鐘的廣告，一分鐘的廣告，報紙的廣告則以欄或批為單元。

如果使用研究者自行發展的類目，則分析類目和分析單元通常應作效度的分析。如果是依據理論或借用他人已發展成之類目，通常不再作效度的分析。

信度分析是測驗研究者內容分析之類目和分析單元是否能將內容歸入相同之類目中，並得到一致之結果。一致性愈高，內容分析之信度愈高；一致性愈低則內容分析之信度愈低。❺

❺關於信度之測驗，請參閱楊國樞等編著社會及行為科學研究法下册，第 827 –831 頁。

㈣如何分析資料：資料收集之後，研究者應如何運用適當的統計分法整理資料，測量變數，發現變項之關係，這些都是研究者所面臨的主要問題。

先談測量 (measurement)。肯布南 (Abraham Kaplan) 說，所謂測量，就是依據某種規則，把數字分配各個事物、現象、組織等類別之項下。❻測量也就是以數字表示所測量之事物、現象、組織等屬性之數量。研究者通常將測量分為四個測量尺度(measurement scale)。玆將這四種尺度分析如下：

類別尺度 (nominal scale)：研究者依據觀察對象之性質，將之分別列入不同的類別，如民主黨、共和黨、無黨派人士；又如男性、女性；再如佛敎、基督敎、道敎、天主敎、其他宗敎信仰等。在類別尺度的測量中，沒有次序、高低或好壞之別。所有類別是互相排斥的，屬於民主黨，就不歸屬於共和黨和無黨派之類別。每人或每一事物必歸屬於一類，也只能歸屬於一類。類別尺度所表示的是質的變項 (qualitative variable)，質與數字共同說明這一類別的特性。在敍述性的研究中，如民意調查，類別尺度是常用的尺度。

等級尺度 (ordinal scale) 有高低、大小、好壞各種等級的特性。等級尺度中的各個類別之間有順序關係存在。例如選民在評估雷根

表現　候選人	雷　　　根	卡　　　特
傑　　出		
良　　好		
平　　凡		
欠　　佳		

---

❻Abraham Kaplan, *The Conduct of Inquiry*, p. 177.

與卡特兩候選人電視辯論之表現時，等級尺度是一個適當的測量方法。此種可用上列形式表示。

等距尺度 (interval scale) 不但可說出類別和等級，且可表示距離的大小，亦卽差異的大小。顧名思義，等距尺度之測量單位間有相等之距離。例如，在政治傳播學之研究上，吾人可研究臺灣人民年齡之差異對法統延續的看法。吾人可用等距尺度法將人民分爲二十一歲至三十歲，三十一歲至四十歲，四十一歲至五十歲，五十一歲至六十歲，六十一歲至七十歲，七十一歲至八十歲等。

等比尺度 (ratio scale) 除了可說出類別、排出次序，算出距離外，還可表示一定之比率。在社會行爲科學中，屬於等比尺度之變項不多，有人在感覺與學習的實驗中研究中用等比尺度，但引起爭論頗多。

研究者通常使用的幾種統計方法包括集中趨勢、頻率分配、相關係數、複相廻歸、因素分析和變異量分析等。一般的統計學對這些方法都作詳細的說明，本書不擬重覆解釋。

四、一門行爲科學

政治傳播學者用不同的統計方法研究這一門年輕的學問，他們所採用之方法大致可分爲以歷史背景爲重點的歷史研究法；以文化發展爲重點的文化發展法；以社會學爲重點，特別是研究民意的社會屬性的社會學方法；以心理學爲重點的心理研究法，此法着重於分析個人的性格、態度以及人類需求等；從社會爭執爲出發點來研究民意形成的衝突研究法 (conflict approach)；從法律觀點來討論民意與法律之關係的法律

⓯Eugene J. Webb, el al. *Unobtrusive Measures*, Chicago; Rand Mc, Nally Co., 1966, p.3.

研究法；從權力觀點研究權力之基礎和權力之運用的權力研究法；從憲法觀點來討論政治行爲的制度研究法；從羣體利益出發的羣體研究法；從決策過程來研究決策行爲之決策研究法；以及從系統理論之觀點來探討政治行爲之系統分析法。不論採取何種方法來討論政治傳播，正如布魯墨 (Herbert Blumer) 所說，政治傳播學基本上是一門行爲科學。雖然社會科學和行爲科學的研究方法繁多，做研究的人似應記住魏備 (Eugene Webb) 所說的一句話：「沒有一種研究法是完備的，也沒有一種研究法是完全無用的」。

附錄一

大衆傳播媒介對美大選影響

一、導　言

　　一九八〇年之美國大選，基本上是大衆傳播媒介之選舉 (mass media election)。這並不是說，大衆傳播媒介可以完全控制或決定大選之結果，而是說，大衆傳播媒介在選舉過程中，扮演了舉足輕重之角色。對絕大多數之選民而言，選舉脫離了大衆傳播媒介，就失其真實性。選民除了依賴大衆傳播媒介外，無法與選舉發生關係。毫無疑問地，大衆傳播媒介已成了候選人政治組織的不可分離之一部分。

二、初選制度

　　大衆傳播媒介在美國選舉中扮演重要之角色，由來已久。但它們佔有舉足輕重之地位，則係最近之現象。過去，美國兩黨總統候選人之提名，操縱在政黨的領導人物手中。自一九〇四年，威斯康辛州議會通過初選制度法律以後，黨的首領控制大選之權力開始受到直接的威脅。所謂初選制度，指兩黨的選民，經直接投票，決定本黨的總統候選人，在本州所得之黨代表票數。此一制度間接地決定候選人在黨的全國代表大會中所得之票數。這種制度，把提名的權力從政黨的首領手中，轉移到黨員手中。這制度到了一九六〇年代末期，以及一九七〇年代，才逐漸普遍。一九八〇年有三十七州實行初選制度。即使在一九六八年，兩黨的首領對候選人的提名，仍具相當的影響力。是年民主黨的麥加錫議

員，和共和黨的洛克菲勒州長，就是在黨的頭子或首領的操縱下，失去了提名。韓福瑞和尼克森分別贏得了民主黨和共和黨的提名。

　　如今美國共有三十七州採用初選制度，產生兩黨大會的四分之三以上的代表票數。有意問鼎白宮的候選人，在競選的策略上，不得不加以修訂。他們在選舉之初期，幾乎將全部之精力和財力，投入早期舉行初選的幾個州。新罕布夏州於大選年的二月舉行初選，這是全美各州在大選年最早舉行初選之州。繼之有馬薩諸塞、佛蒙特、和佛羅里達等州。這幾州所產生之代表票數固然不多，但候選人在初期之成敗，決定競選前途非常重大。由於大眾傳播媒介之免費宣傳，優勝者往往會得到全國選民之重視，捐款源源而來，志願助選的人員大批湧至，造成先聲奪人之勢。反之，候選人在早期初選中失敗，競選前途，凶多吉少。候選人稱這種過程爲淘汰過程。

　　至於如何在初選的初期獲勝，這其中大眾傳播媒介具有極大的影響力。在新罕布夏州初選之前，兩黨逐鹿者往往甚多。今年在早期初選中，民主黨方面共有三位主要候選人，卽卡特、甘迺迪參議員、和加州州長布朗；在共和黨方面，共有七位主要候選人，包括雷根、布希、貝克、杜爾、康納利、肯普衆議員、和後來宣布獨立競選的安德森。在候選人衆多之情形下，大眾傳播媒介不得不作重點的採訪和報導。被經常採訪和報導的候選人，自然獲得較多選民之注意，在初選中獲勝之機會也較多；反之，被大眾傳播媒介所忽視之候選人，很難獲得選民之注意，　獲勝之機會相對的減少。　大眾傳播媒介無形中代替了過去的黨首領，爲兩黨甄選總統候選人。

三、聯邦選舉法

　　一九七一年的聯邦選舉運動法，和一九七四年的修訂法，對選舉策

略之運用有極大之影響，也提高了大衆傳播媒介在選擧中之地位。

一九七一年的選擧法規定，候選人應發表捐款人之姓名，及捐款數額。一九七二年尼克森競選總部發表，芝加哥的保險業鉅子史東（W. Clement Stone），捐給尼克森二百萬美元。此人亦於一九六八年，捐給尼克森競選總部二百八十萬美元。民主黨中也不乏大亨人物。一位在通用汽車公司擁有大量股票的年輕人莫特（Stewart Mott），於一九七二年捐給民主黨總統候選人麥高文四十萬美元。此人另捐給自由派的其他公職候選人四十二萬美元。在過去，美國人認爲南太平洋鐵路公司擁有加州的議會；賓夕凡尼亞鐵路公司擁有賓州的議會；德州的石油公司控制德州的政治；洛克菲勒家族擁有紐約州的共和黨。金錢購買議員和官吏，議員制定法律，官吏執行法律，這豈不等於金錢購買法律？

一九七四年的聯邦選擧修訂法嚴格的規定，每人對任何一位候選人之捐款，不得超過一百美元。此種規定之原意，是妨止大資本家和大工會組織斥資支持候選人，以免候選人受少數人之控制。其結果，候選人很難獲得一筆龐大的捐款，不得不依賴大衆傳播媒介的宣傳，從大多數選民處，獲得小額捐款，積少成多，集腋成裘。一位候選人的新聞秘書最近作如此的評論：

爲了向全國選民籌款，候選人不但須獲得全國性傳播媒介的注意和報導，且須獲得各地區地方性傳播媒介的注意和報導。報導愈多、愈好，捐款也愈多；反之，捐款來源愈少。一般人不輕易捐錢給不受傳播媒介重視的候選人，不輕易捐錢給失敗者。這形成了惡性循環的現象。

聯邦選擧法的另一項規定，也增高大衆傳播媒介的重要性。該法規定，每個候選人在每州初選中及提名前，可用之金額。此一規定，强迫候選人爭取大衆傳播媒介之注意，利用大衆傳播媒介的新聞節目，作免費之宣傳。

四、傳播事業之發展

電視的普及、傳播衞星的使用、社區電視的推廣，以及報系的擴張，使大衆傳播媒介可以利用雄厚的資本，最新的傳播科技，以最快的方法，將新聞傳遞給全國各地的人民。這些發展，使大衆傳播媒介更有資格，在選舉過程中扮演極為重要之角色。

一九四〇和一九五〇年代，電視尚未普及之前，由於美國缺乏全國性的報紙，地方性的報紙又不能滿足候選人立卽「接觸」選民之需要。當時的候選人，以廣播為媒介，深入民間。羅斯福總統是運用廣播最為成功的美國政治人物。他的「爐邊談話」，以閒話家常的方式，和人民談論國家所面臨之問題，呼籲人民支持他的政策，收效宏大。在那一個時代，政治候選人仍然通過政黨的組織和首領，爭取選民的支持，大衆傳播媒介對選民之影響，仍屬有限。在一九四〇年到一九六〇年的歷屆大選中，除了一九六四年的大選外，百分之七十五以上報紙都支持共和黨提名的總統候選人，但除了一九五二年和一九五六年共和黨候選人艾森豪兩次獲勝，和一九六八年另一位共和黨候選人尼克森當選外，其他各次大選都是民主黨候選人入主白宮，報紙之支持，對選民之決定，影響甚微。

一九六三年是美國電視新聞史上的重要年代。是年三大電視網，將晚間新聞節目延長到三十分鐘。電視公司以鉅大的人力財力投注入新聞採訪和報導，重點之一是採訪和報導全國性的政治活動和政治人物。事實上，自一九六四年以來，三大電視網的晚間新聞，是總統候選人的主要活動目標之一。他們將主要的演說和活動，安排在晚間新聞的截稿時間之前，整個競選活動，是針對電視新聞而設計的。舉例而言，候選人在專機抵達機場，和啓行前，往往站在扶梯上，面帶笑容，向羣衆揮手

示意。通常機場上除了記者外，並無羣衆。候選人的揮手，是爲電視攝影機而表演的，使電視觀衆覺得，此人到處受到羣衆的歡迎。類似這類的事件，「形象」(Image) 一書的作者薄思定 (Daniel Boorstin) 稱之爲「假事件」(pseudo events)：有動作，而無內容，適合電視新聞之需要。

報紙爲了與電視競爭新聞報導，也改變採訪策略。各大報紙，甚至於中型的報紙，無不派專人，跟隨主要候選人，作逐日之採訪報導。美國的連鎖報系近二十年來大爲擴張，一九六〇年，百分之三十的美國報紙屬於連鎖報系；今天百分之六十以上的報紙，屬於連鎖報系。連鎖報系以雄厚之資本，支持選情之報導，使大報業對候選人之報導，由依賴通訊社的來源，成爲獨立報導。這種發展也促使大通訊社，加强選情之報導。

傳播事業之新發展，減低了政黨在競選過程中之重要性。過去候選人着重「面對面」的競選活動，親自接觸選民，說服選民。今日的候選人認爲，電視可以代替「面對面」之活動，電視「接觸」的人更多，說服的效果更大。因此，今日之候選人不但充分利用電視新聞，且大量製作電視競選廣告。據估計，雷根、卡特和安德森三人，在今年的競選中，共費三億美元，其中三千五百萬元是大衆媒介的廣告費用。

卡特的電視廣告主題，將雷根描繪成好戰、歧視種族平等、忽視貧窮人民和老年人福祉的政客。雷根夫人南茜於十月底作了一則一分鐘的電視廣告，反擊卡特的廣告宣傳。她以顫抖的音調說：「卡特把他（指雷根）描繪成一個戰爭販子，一個不顧老年人生活，斷絕他們福利金的人。我非常生氣。事實上，他從未說過這種話。作這種批評的人是非常殘忍的。這對人民非常殘忍，對我丈夫非常殘忍。作爲一個妻子，一個母親和一個婦女，我深深地厭惡這套伎倆。」

雷根在電視廣告上重覆地問選民：「你們是不是覺得現在的生活比四年前好？你們是不是覺得現在的美國比四年前安全？」十一月四日，美國選民明顯地答覆了這些問題，其答案是否定的。

五、美國選民黨性低落

根據蓋洛普的民意測驗，在一九三〇年代至一九六〇年代之間，百分之八十之選民登記爲民主黨員或共和黨員，其中百分之五十以上的選民，自認爲黨性堅强。現在僅有百分之六十的選民，登記爲兩黨黨員，絕大多數自認爲黨性甚弱。雷根之壓倒性勝利，顯示許多民主黨人士投他一票。

黨性低落的原因之一是，大衆傳播媒介代替了政黨的組織和首領，向選民提供必要的資料。在黨的影響力强大時，競選之結果不是決定於問題之探討和辯論，而是決定於黨的首領對黨員之控制。因此，在未投票前，選擧之結果早已決定。一九七六年和一九八〇年兩次大選，百分之二十五之選民遲遲不能決定投誰之票，今年大選此種現象尤爲明顯。爲數甚多的選民在最後幾天作決定。因此，蓋洛普在十一月一日所作之民意測驗，與十一月四日實際投票結果，比較如下：

	民意測驗	實際投票
雷　根	四七％	五一％
卡　特	四四％	四一％
安德森	八％	六％
其　他	一％	二％

雷根與卡特得票率相差達百分之十之多。爲什麼在兩天之內，選情有此劇變？這表示選民有自主的權力和能力。這種權力是因政黨力量的消退而得來的；這種能力是因大衆傳播媒介的發達，消息傳播的迅速確實而培養起來的。今年大選，爲數甚多的選民，在最後一天作決定，或

改變決定，可能是受了伊朗發表釋放人質的四大條件之影響。大多數的選民看到這四大條件之後，感到失望，意會到人質問題不可能在短期內解決，這項發展再度提醒選民，卡特政府無能，美國在國際上之聲望大不如前。選民對美國地位今非昔比，無可奈何之心情，以及對卡特政府的失望與不滿，在投票時充分地表現了出來。

選情急轉直下，固出一般人意料之外，但雷根和卡特在大選前夕，都已知道大勢已定。雷根的民意測驗專家魏靈和卡特的顧問卡德爾，在選舉前夕，分別作了一次民意測驗，兩人都發現，雷根聲望突增，領先卡特達百分之十。據說卡特的一個九人智囊團曾作緊急會議，擬出奇制勝，結果五人反對，四人贊成，此策被否決了。究竟是何種錦囊妙計，有待將來寫回憶錄的人來發表。卡特知道大勢已去，於十一月三日晚間抵達喬治亞州平原鎮後不久，即令準備承認競選失敗的演說稿。他成為一八八八年以來，繼克里夫蘭總統之後，第一位民主黨在位的總統，被在野的挑戰者擊敗。

六、結　論

以上各種因素，使美國的政治選舉，演變成媒介選舉。媒介甄選候選人、媒介支配候選人的競選策略和活動。尤有進者，在美國的民主論壇上，以往是政治領袖決定政治議程。羅斯福總統的「爐邊談話」，和近期總統在記者會所發表之談話，都決定全國人民討論政治問題的議程。今日的美國，此種特權已不再專屬於政治領袖了。大衆傳播媒介和政治領袖，共同享有決定美國政治議程的影響力和特權。

（民國六十九年十一月二十六日，新生報）

附錄二
電腦作爲政治選舉的工具

電腦是二十世紀人類的一項最富革命性的發明。在短短的三十年中，電腦對人類生活已有深遠的影響。生活在現代社會中的人，幾乎已經到了不能脫離電腦而生活的程度，從氣象的預測、汽車的生產、電視節目的播映、報紙的發行，到薪水的發給，無不由電腦操作。電腦對人之重要，有如水之於人類。水是人生存的必需品，水也可毀滅人的生命。電腦能造福人類，亦可毀滅人類。

電腦在選舉上已有廣泛的用途。在美國的政治選舉中，電腦是候選人爭取勝利的必要工具。一位美國大城市市長的助理，曾經誇張地說：「假如我的老闆可以自由的使用電腦中的違警檔案、投票的紀錄、納稅和財產的資料，我的老闆可以每選必勝。」這說明政治人物需要這些資料，以了解選民的社會、政治和經濟行爲，進而了解選民的意向，塑造自己的形象，說選民所想聽，而未必是選民所必須聽的話。

選舉運用功用廣泛

電腦在政治選舉中有多方面的用途。最普遍的是，利用電腦準備一份名册，按址發信。假如給每一選民一封文字內容相同的通函，效果極其有限。電腦可以按照每一選民的政治信仰、知識水準、宗教信仰、和經濟狀況，寄出一封專門爲各類選民所準備的信，文字內容完全投其所好，親切無比，使收信人誤認爲，這是候選人爲他所寫的專函。這種競選信件，往往收效宏大。當然，在準備這份名册之前，候選人應先經過

蒐集資料，和研判資料的階段，然後將這些資料以及分析的結果，送進電腦處理。

電腦也可以為候選人準備一份訪問名單，這名單將選民的地址按街道門牌號碼的順序（單雙號分開），排列下來。在每一個名字下，印好選民的簡歷，使候選人不但可以按地址的順序，拜訪選民，且可根據簡歷，準備談話的內容。這份電腦的資料，在美國政治選舉中稱之為「行走名單」（Walking List）。這在地方選舉上，功用其大無比。

此外，候選人也可利用電腦分析民意測驗的結果，和準備一份可能捐款的人的名冊，以便邀請他們參加聚會，或發函請求捐助。

茲舉幾個實際的例子，說明電腦在政治選舉中之用途：

一、洛克菲勒（Winthrop Rockefeller，非已故紐約州長、後任美國副總統之洛克菲勒）於一九六六年競選阿肯色州州長時，面臨幾項難以克服之困難。此人雖出身望族，但未任公職，政見鮮為人知。其次，他是共和黨員，而阿州是民主黨的地盤。再者，在一九六六年以前，阿州法律並不規定選民應先經登記，而後投票，故無選民名冊，更無選民資料。

為了克服這些困難，洛氏決定，先由私人接觸開始。他和他的助手先和主要民間團體聯絡，獲得會員名單，並利用電話簿的地址，按址拜訪，或以電話聯絡，以了解選民的投票紀錄，過去投誰之票，對目前主要問題之看法如何，他們的興趣何在等等。洛氏當年在阿州幾個主要的郡縣中，幾乎蒐集了百分之九十以上選民的資料。

有了這些資料之後，洛氏的競選總部利用電腦鑑別對洛氏競選具有重要性之選民。首先，他們找出親洛氏之選民，假如這些選民尚未登記，則派人聯絡，勸其登記。盡量利用個人的聯絡，避免使用政治廣告，對不同的人說不同的話，對不同的人發出不同的函件。每一個收件

人的姓名和地址都很考究地用打字打在信紙上。使人覺得這是私函，而非政治宣傳品。這一切作業概由電腦操作或協助。洛氏終於旗開得勝，當選州長。

二、葛里芬 (Robert Griffin) 於一九六六年在密西根州競選參議員時，也是政壇新進，僅有少數的選民聽過他的名字，但對他並無認識。葛里芬首先作一項民意調查，利用電腦發現以下三個問題的答案:

第一、在那些地區的選民，尚未決定投誰的票，這些人是否值得爭取?

第二、在這些地區，那些問題是選民所最關心的，也是他們認為最重要的問題?

第三、在這些地區，那些人是選民最為敬佩的人?

葛里芬競選總部得到這些問題的答案之後，立刻設計競選策略。其方針是: 使每一主要選區的選民 (第一問題)，能從他們所敬佩的人物口中 (第三問題)，聽到葛里芬對他們所關心之問題的看法 (第二問題)。

葛里芬運用這--簡單的策略，當選美國參議員。

三、懷特 (Kevin White) 於一九七二年競選連任波士頓市長時，整個競選策略，是以電腦化的「私函攻勢」為重心。懷特的競選總部於競選前，以按戶拜訪的方法，詳盡地蒐集選民之資料，包括選民所關心之問題，然後將這些資料送入電腦。根據電腦的分析和分類，候選人對選民發出私人函件的競選文件，說明自己對該一選民所關心問題的政見。懷特在整個競選過程中，很少公開發表政見，使他的對手無法攻擊懷特的政見，而懷特可以隨時攻擊對方的政見。這有如兩方對壘，懷特站在暗處，目標不暴露，對手站在明處，目標完全暴露，防不勝防，而又無法給懷特施以攻擊。

一九七六年福特和雷根爭奪共和黨內提名，一九八〇年卡特力拼愛德華甘迺迪，爭取民主黨內提名，兩位當時在任的總統都採用所謂「玫瑰園戰術」，足不步出白宮大門，在白宮的玫瑰花園內擧行記者會，談國家大計，不談選擧，不提政見，旣收宣傳效果，又使政敵無懈可擊。「玫瑰園戰術」和「私函攻勢」，方法雖異，原則一致，頗有異曲同工之妙。

四、約翰甘迺迪於一九六〇年競選總統時，他的幕僚擔心，一般美國人歧視天主敎徒，甘迺迪可能因其宗敎信仰，損失許多選票。如何適當的處理此一問題，關係選擧結果，至爲重大。

哈佛大學的一羣科學家，爲甘迺迪設計幾套電腦模擬法，預測應採何種策略最爲有利，或受害最少。其結果顯示，候選人應公開表明自己的天主敎信仰，而非躲避此一問題。甘迺迪據此設計策略，終於成爲美國歷史上第一位信仰天主敎的總統。

五、在一九八〇年的美國大選中，卡特不斷地攻擊雷根爲好戰份子，將雷根塑成一個缺乏經驗，好用武力解決國際糾紛的危險份子。一九六四年詹森很成功地運用此一策略，擊敗高華德。今年卡特重施詹森故技，企圖擊敗另一位共和黨保守派領袖。卡特的策略也曾經一度困擾雷根的智囊團。雷根的顧問利用電腦模擬法，分析情勢，探討對策，其結果電腦顯示，卡特對雷根之攻擊，不但不爲大多數選民接受，且選民認爲如此作法，有失一國元首的風度，反而對雷根有利。因此，雷根每逢卡特作此攻擊時，只作搖頭歎息狀，最多說一句：「這不是作爲一國總統該說的話。」任由卡特肆言攻擊，坐收其利。

同樣策略，同爲民主黨現任總統，對付共和黨的保守領袖的挑戰，因時間的改變，效果迥異。政壇如戰場，沒有無往不利的戰略。

以上的幾個例子說明，電腦在現代的政治選擧中，佔有極爲重要之

地位。電腦的基本觀念是資訊的巧妙操縱 (manipulation of information)。候選人利用電腦分析選情，製造資訊，設計策略，造成對本人有利之情勢。可見電腦可以幫助政治家當選，也可使政客當政。電腦本身不過是一種工具，並無功過可言。如何使電腦造福人羣，是人類面臨的重大問題之一。

(民國六十九年十二月十三日，大華晚報)

傳播革命與國際政治

一、前　　言

過去卅年來，傳播科技已有革命性之發展。最近幾年來，傳播科技之發展尤爲驚人。一部電腦可以通過傳播衞星，與遠在數千里外之另一一部電腦，直接交傳（communicate）。傳播衞星和電視的結合，開創了外交新境界。錄音設備的普及，開啓了政治滲透的方便之門。先進國家利用傳播衞星的「遙感」（remote sensing），可以探測地球上的資源，預測農作物產量，和他國的軍事活動。如美國利用傳播衞星，探測莫三鼻的石油、南非的鎢、巴拉圭的錳之蘊藏量；預測蘇俄每年農產量，和巴西的咖啡產量；偵察世界各國的軍事活動。這些有關資源，農產量和軍事活動的情報，都是設計外交政策的基本資料。

傳播科技的發展，使資訊之傳播超越時空之限制。如何因應傳播革命對國際政治之影響，以及如何有效地運用傳播科技，在國際政治上扮演一個積極的角色，這項問題之研究，是政府和民間的共同責任。

在探討此一問題時，下列數例似可幫助我們瞭解傳播科技對國際政治之影響。

二、越戰新聞

越戰是歷史上第一個戰爭，其勝負不是決定在血肉橫飛的戰場上，而是決定在舒適的電視觀衆的客廳裏。傳播科技將戰爭帶進了客廳。當

時在美國，越戰因而成爲大學演講的專題，教堂佈道的題目，議會辯論的要目，政治選舉中爭論的焦點。從軍事觀點言，美軍在越南打了許多漂亮的仗，但美國電視記者醜化了每一個戰役，使軍事上的勝仗，變成政治上的敗仗。電視記者爲何如此醜化越戰呢？這與傳播科技有密切關係。

電視科技幫助記者，甚至於促使記者，醜化了越戰，醜化美國的形象。於是越南赤化了，美國聲望一落千丈，越南變色是近年來國際危機的根源，降低了美國領導世界之能力，進一步的鼓勵蘇俄的擴張，也影響中美關係。

三、以埃關係和電視外交

以色列和埃及交惡數十年，數度交兵，造成嚴重的中東危機。兩國友好是中東和平之基石。爲了尋求和平，埃及總統沙達特於一九七七年十一月十四日表示，有意訪問以色列。美國哥倫比亞電視公司晚間新聞主持人柯隆凱 (Walter Cronkite) 於獲悉此訊後，立即通過傳播衞星，訪問沙氏，並問其訪以之條件。沙氏表示，願無條件的訪問以國。幾分鐘之內，柯氏以同樣的方式找到正在耶路撒冷開會的以色列總理貝庚。貝庚在柯隆凱的電視訪問中立即邀請沙達特訪以。於是以埃元首的歷史性會談，在電視上展開序幕。

此一事件不但在國際政治上是一歷史性的事件，在電視新聞史上也是創舉。電視不但報導了新聞，也製造了要聞，而又生動地報導了自己所製造的新聞。電視不但作了國際政治活動的媒介，且作了此一重大事件的催生劑。傳播科技的發展，已使電視成爲國際政治活動的中心。

四、伊朗革命與人質

伊朗巴勒維王朝覆亡之因素甚多，但有一重要因素，未被人重視者，乃傳播科技促使此一王朝早日滅亡。

柯梅尼被放逐法國期間，利用卡式錄音帶將其言論秘密送入伊朗。卡式體積小，偷運方便，一卡偷運成功，就可錄製千萬卡。錄製卡式無須特殊技術和精密的設備，只要有一部簡單的錄音機，人人能錄。儘管公開的傳播媒體受伊朗王嚴密控制，他的特務卻無法阻止柯梅尼演講錄音帶的廣泛流傳。柯梅尼在法國的言論，幾乎當天就流傳到德黑蘭。一個被放逐國外的政治領袖，拜現代傳播科技之賜，可以與國內羣衆建立密切關係，直接領導羣衆的行動，而本身又無安全之虞。巴勒維國王放逐柯梅尼是決策上的無可挽回之錯誤。時代不同了，放逐反政府領袖，有如在山雨欲來前，自壞堤防，一旦山洪泛濫，一發不可收拾。

一九七九年的十一月四日，伊朗的所謂革命學生佔領美國駐伊大使館，扣留外交官作為人質。美國傳播媒體大加報導，並訪問學生領袖，結果被其利用，作為反美宣傳之工具。同時親柯梅尼的伊朗留學生也利用遊行的機會，發表反美言論。在過去十四個月中，伊朗政府抓住卡特政府企求早日解決人質問題之心理，在緊要關頭，如大選前夕，感恩節和耶誕節前夕，利用傳播媒體，製造可能釋放人質的氣氛，而又發表反美言論。不論伊朗此舉，是否符合該國短期或長期之利益，其利用傳播科技，影響美國政治和國際政治之企圖，昭然若揭。

五、波蘭工潮

一九八○年的下半年，波蘭的自由工會所領導之罷工，經過傳播媒體的報導，引起全世界的注意。這個命名為「團結」（Solidarity）的自由工會，擁有會員及支持者一千萬人，是共產世界中唯一的不受政府領導的工會。它在一個失業的電工技師華文沙（Lech Walesa）領導

之下，要求合理的工資，合理的工作時間，和合理的工作環境。這無異是向波蘭的共產政權挑戰，也等於向共產制度挑戰；向共產制度挑戰，也就是向莫斯科挑戰。蘇俄所控制的其他東歐國家，已經受命抵制波蘭，東德封鎖與波蘭交接之邊界，捷克限制國民前往波蘭旅行。

波蘭自由工會之所以能夠在波蘭境內蓬勃發展，是歸功於華文沙之領導才能。然而，西方傳播媒體以及波蘭傳播媒體對此事件之報導，引起全世界輿論的支持，也是助長此一運動的主因。舉例而言，一九八〇年十一月間，波蘭的電視記者進入自由工會總部現場訪問罷工工人，當時一個波蘭官員用手擋住記者的麥克風，阻止訪問，並令記者立刻離開現場。此一鏡頭引起波蘭人民的強烈反感，增加他們對工人的同情。華文沙在波蘭和國際傳播媒體的介紹下，幾乎一夜之間成爲波蘭的英雄人物，和世界性人物。傳播科技在共產世界裏培養了一個英雄人物，也培養了一個足以決定莫斯科未來命運的自由工會運動。

六、國際資訊交流

近年來第三世界國家有鑒於先進國家利用優越的傳播科技，對他們作資訊「侵略」，紛紛在國際組織，如聯合國文教組織，提案要求阻止一面倒的資訊交易，願能獲得較爲平衡的資訊交流。

一九七九年美國資訊工業的輸出額約爲七百五十億美元，這是美國第二大的出口工業。資訊工業的出口品除了電腦，傳播衛星設備與時間，和各種傳播機器外，尙包括各種資訊，如電腦的資料、新聞稿、電視片、影片、唱片、卡片錄音帶等等。第三世界最關心的是國際新聞交流。他們認爲，國際新聞的報導操在美聯社、國際合衆社、法新社等西方先進國家通訊社手中，因此第三世界所發生之新聞，除了政變、巨大的天災、戰爭的新聞外，其他的建設性之新聞，鮮爲外界所知。西方

通訊社所報導者，也不盡翔實。這些國家建議組織第三個世界的國際通訊社，取代西方通訊社。

美國一方面爲了保護本身資訊工業的利益，另一方面也爲了維護新聞自由的理想，四年以來，艱苦地在國際文敎組織奮鬪，阻止蘇俄和若干急進國家的合作，以免它們控制新聞自由。但是美國也瞭解，資訊交易的不平衡，並非國際社會之福，故於一九八〇年十月在南斯拉夫首都貝爾格勒擧行的聯合國文敎組織大會中，提出一項「傳播發展交易所」(Communication Development Clearinghouse) 的辦法。此一交易所提供現代傳播的新器材，爲第三世界服務，並訓練第三世界技術人員，以便運用現代化的傳播科技。此一計劃已獲採納。美國希望藉此計劃，一方面能保護本國資訊工業的利益，另一方面也能促成較爲平衡的國際資訊交流。

國際資訊交易是一項敏感的國際問題。美國目前是資訊工業的領導國，美國是否能長期的維持此一地位，端視其如何應付此一敏感之問題。

七、結　　論

僅僅是十幾年前，美國還是世界上的汽車王國。底特律的產品充斥世界上每一角落。汽車工業的成就，使美國在經濟上、軍事上和政治上執世界之牛耳。曾幾何時，德國、日本、意大利等國的汽車品質，凌駕美國之上。底特律不但失去了汽車的國際市場，且亦難保國內市場。美國由汽車工業所累積之經濟、軍事和國際政治之資本，日益削減。冰凍三尺，非一日之寒，此乃由於底特律的資本家缺乏因應此局變遷（尤其能源危機）所致。

有鑑於此，美國政府和工業界目前極其重視保護傳播科技的優勢，

以此種科技爲手段，累積經濟、軍事和政治的資本，影響國際政治的發展。美國國務院有三個局之業務涉及傳播科技之發展，和國際傳播政策之研究，此類業務由一副國務卿主持，可見其重要性。

筆者欣見我政府和民間近年來着重資訊工業之發展與研究。發展精密的資訊工業，是國內工業進一步發展之必要條件。筆者希望在發展資訊工業之際，對國際傳播政策作系統之研究，此一研究應視爲外交政策研究之一環。這不但關係國內傳播工業之發展，也可作爲不久將來我傳播工業進軍世界市場之準備。尤有進者，此種研究之成果，可作爲靈活運用傳播科技的依據，使我國在國際政治上扮演一個活躍的要角。

（中華民國七十年二月一日臺灣新生報）

參 考 書 目

一、中文部分

沈劍虹著（民國七十一年）	使美八年紀要	臺北聯經出版事業公司
李金銓著（民國七十一年）	大衆傳播學	臺北三民書局
李　瞻著（民國六十四年）	我國新聞政策	臺北市記者公會
吳相湘著（民國五十八年）	晚清宮庭實紀	臺北正中書局
胡　璉著（民國六十七年）	出使越南記	臺北中央日報社
倪世槐著（民國六十一年）	三國人物與故事	臺北三民書局
徐佳士著（民國五十五年）	大衆傳播理論	臺北市記者公會
祝振華著（民國六十二年）	口頭傳播學	臺北大聖書局
祝基瀅著（民國六十二年）	大衆傳播學	臺北學生書局
祝基瀅著（民國六十八年）	傳播制度與社會制度	臺北黎明文化事業公司
張熾章著（民國五十一年）	季鸞文存	臺北文星書局
曾虛白譯（民國六十二年）	董顯光自傳	臺灣新生報社
曾虛白著（民國六十三年）	民意原理	臺北市記者公會
楊國樞等著（民國六十九年）	社會及行為科學研究法	臺灣東華書局
錢　穆著（民國四十八年）	中國歷代政治得失	臺北三民書局
鍾振昇著（民國六十五年）	花生農夫競選總統	臺北正中書局
薩孟武著（民國五十八年）	水滸傳與中國社會	臺北三民書局

二、英文部分

Almond, G. A., & Coleman, J.S. (1960) (eds.), *The Politics of the Developing Areas*, Princeton: Princeton University Press.

Almond, G. A. & Verba, S. (1963), *The Civic Culture*. Princeton: Princeton University Press.

Almond, G. A. & Powell, G. B. (1966), *Comparative Politics: A*

Developmental Approach. Boston: Little Brown.

Arora, S., and Lasswell, Harold D. (1969), *Political Communication: The Public Language of Political Elites in India and the U.S.A.* New York: Holt, Rinehard & Winston.

Atkin, C. & Heald, G. (1976) "Effects of Political Advertising," *Public Opinion Quarter y*, 40, 216–228.

Bell, David V. J. (1975), *Power, Influence and Authority*. New York: Oxford University Press.

Bennet, W. L. (1975), *The Political Mind and Political Environment*. Lexington, Mass.: Heath.

Berelson, Bernard, Lazersfeld, Paul, and McPhee, W.N. (1954). *Voting*. Chicago: University of Chicago Press.

Berstein, Carl. & Woodward, Bob (1974), *All the President's Men*. New York: Simon & Schester.

Bishop, G. F., Meadow, R. G., & Jackson-Beeck, M. (1978) (eds.), *The Presidential Debates: Media, Electoral and Policy Perspectives*. New York: Praeger.

Blair, Clay, Jr. (1977), *MacArthur*. New York: Pocket Books.

Blumer, H. (1969), *Symbolic Interaction*. Englewood Cliffs, N.J.: Prentice-Hall.

Blumler, J. G. & McQuail, D. (1969), *Television in Politics*. London: University Press.

Boulding, Kenneth (1956), *The Image*. New York: Harper & Low.

Byrne, G. C. (1969), "Mass Media and Political Socialization of Chiren and Pre-Adult," *Journalism Quarterly*, 1969, 46, 140–141.

Caro, Robert A. (1982), *The Years of Lyndon Johnson: The Path to Power*. New York: Knopf.

Carter, Jimmy (1982), *Keeping Faith: Memoirs of a President*. New York: Bantom Books.

Cartwright, D. (1965), "Influence, Leadership and Control," in J.G. March (ed.), *Handbook of Organization*. Chicago: Rand McNally.

Chaffee, Steven H., Ward, L. S., & Tipton, L. P. (1970), "Mass Communications and Political Socialization," *Journalism Quarterly*, Vol. 47, pp. 647–666.

Chaffee, Steven H. (1975) (eds.), *Political Communication: Issues and Strategies for Research*. Beverly Hills, Calif.: Sage Publications,

Chu, Godwin C. (1977), *Radical Change through Communication in Mao's China*. Honolulu: The University Press of Hawaii.

Chu, James (1982), "Advertising in China: Its Policy, Practice and Evolution," *Journalism Quarterly*, vol. 59, pp. 40–45.

Cohen Bernard D. (1963), *The Press and Foreign Policy*. Princeton University Press.

Colin-Ure, S. (1974), *The Political Impact of Mass Media*. Beverly Hills, Calif.: Sage Publications.

Conway, M. M., Stevens, A. J., & Smith, R. G. (1975), "The Relation between Media and Children's Civic Awareness," *Journalism Quarterly*, Vol. 52, pp. 531–538.

Dahl, R. A. (1970), *Modern Political Analysis*. Englewood Cliffs, N.J.: Prentice-Hall.

Davies, J. C. (1965), "The Family's Role in Political Socialization," *The Annals*, Vol. 361, pp. 10–19.

Dawson, R., Prewett, K., & Dawson, K., (1977), *Political Socialization*. Boston: Little Brown.

De Fleur, Melvin L. and Sandra Ball-Rokeach (1975), *Theories of Mass Communication*. New York: Longman.

Deutsch, Karl (1963), *The Nerves of Government: Models of Political Communications and Control*, New York: Free Press.

Dominick, J. R. (1972), "Television and Political Socialization," *Educational Broadcasting Review*, Vol. 6, pp. 48–56.

Dreyer, Edward C. and Rosenbaum, Walter A. (1970) (eds), *Political Opnion and Behavior: Essays and Studies*, second ed. Belmont, Calif.: Wadsworth Publishing.

Druckman, Daniel, Rozelle, Richard M. and Baxter, James C. (1982), *Noverbal Communication: Survey, Theory, and Research*. Beverly Hills, Calif.: Sage Publications.

Duncan, Hugh Dalziel. (1962), *Communication and the Social Order*. New York: Oxford University Press.

Duncan, Hugh Dalziel. (1986). *Symbols in Society*. New York: Oxford

University Press.

Dunn, D. D. (1968), *Public Officials and the Press*. Reading, Mass.: AddisonWesley.

Easton, D. (1965), *A System Analysis of Political Life*. New York: John Wiley.

Easton, D. (1965), *A Framwork for Political Analysis*, Englewood Cliffs, N.J.: Prentice-Hall.

Easton, D. and Dennis, J. (1969), *Children in the Political System*, New York: McGraw Hill.

Eldelsman, Murray (1971), *Politics as Symbolic Actions*. Chicago: Markham Publishing.

Ellul, Jacques (1965), *Propaganda: The Formation of Men's Attitudes*. New York: Alfred A. Knopf.

Epstein, Edward Jay (1973), *News from Nowhere*. New York: Random House.

Fagen, R. (1966), *Politics and Communications*. Boston: Little Brown.

Festinger, Leon (1957), *A Theory of Cognitive Dissonance*. Stanford: Stanford University Press.

Fishman, J. A. (1970), *Sociolinguistics: A Brief Introduction*, Rowley, Mass.: Newbury House.

Fishman, Mark (1980), *Manufacturing the News*. Auston: University of Texas Press.

Gillespie, Judith A. and Zinnes, Dian A. (1982), *Missing Elements in Political Inquiry: Logic and Levels of Analysis*. Beverly Hills, Calif.: Sage Publications.

Gordon, G. (1971), *Persuasion: The Theory and Practice of Manipulative Communication*. New York: Hastings House.

Graber, Doris A. (1976), *Verbal Behavior and Politics*.Urbana: University of Illinois Press.

Halberstam, David (1979), *The Powers That Be*. New York: Alfred A. Knopf.

Hayakawa, S. I. (1953), *Symbol, Status and Personality*. New York: Harcourt, Brace World, Inc.

Hersey, John. (1930), *Aspects of the Presidency*. New York: Ticknor

& Fields.

Hess, R. D., & Torney, J. W. (1967), *The Development of Political Attitudes in Children*. Chicago: Aldine.

Hoveyda, Fereydoun. (1979), *The Fall of the Shah*. New York: Wyndham Books.

Hovland, Carl, Janis, I. L., & Kelly, H. H. (1953), *Communication and Persuasion*. New Haven: Yale University Press.

Hovland, Carl I. (1957), (ed.) *The Order of Presentation in Persuasion*. New Haven, Ct.: Yale University Press.

Janis, Irving et al. (1959), *Personality and Persuability*. New Haven, Ct.: Yale University Press.

Janowitz, Morris and Hirsch, Paul M. (1981) (eds.) *Reader in Public Opinion and Mass Communication,* third ed., New York: The Free Press.

Katz, E., & Lazarsfeld, P. F. (1955), *Personal Influence*. Glencoe: Free Press.

Kearns, Doris (1976), *Lyndon Johnson and the American Dream*. New York: The New American Library, Inc.

Klapper, Joseph T. (1960), *The Effects of Mass Communication*. Glen Coe Free Press.

Kraus, Sidney (1962) (ed.), *The Great Debates: Kennedy vs. Nixon, 1960,* Bloomington: Indiana University Press.

Kraus, Sidney (1979) (ed.), *The Great Debates, 1976, Frod vs. Carter*. Bloomington: Indiana University Press.

Lang, K., & Lang, G. E. (1968), *Television and Politics*. Chicago: Quadrangle.

Lasswell, Harold (1935), *World Politics and Personal Sincerity*. New York: McGraw Hill.

Lasswell, Harold, Leites, N., & Associates. (1949), *Language of Politics*. New York: G. W. Steward.

Lazarsfeld, Paul, Berelson, Bernard and Gaudet (1948), *The People's Choice*. New York: Columbia University Press.

Lerner, Daniel (1963), "Toward a communication theory of modernization," in Lucian W. Pye (ed.),*Communications and Political*

Development. Princeton: Princeton University Press.

Lippmann, Walter (1922), *Public Opinion*. New York: Macmillan.

Lipset, Seymour Martin. (1959), *Political Man: The Social Bases of Politics*. Garden City, N.Y.: Anchor Books.

Liu, Alan P. L. (1971), *Communications and National Integration in Communist China*. Berkeley, Calif. University ·of California Press.

Lukas, J. Anthory (1976), *Nightmare: The Underside of the Nixon Years*. New York: Bantam Books.

Manchester, William (1967), *The Death of a President*. New York: Harper & Row.

McCombs, Maxwell E. and Donald L. Shaw (1972), "The agenda-setting function of mass media," *Public Opinion Quarterly*, 36: 177–187.

McLeod, Jack M., Lee B. Becker, and James E. Bytnes (1974), "Another look at the agenda–setting function of the press," *Communication Research*, 1:131–165.

Mead, George H. (1934), *Mind, Self and Society*. Chicago: University of Chicago Press.

Meadow, Robert G. (1980), *Politics as Communication*. Norwood, N.J.: ABLEX Publishing Corp.

Mendelsohn, H., & Crespi, I. (1970), *Polls, Television and the New Politics*. Cranton, Pa.: Chanlder.

Meuller, C. (1975), *The Politics of Communication*. New York: Oxford University Press.

Miller, George A. (1951), *Language and Communication*. New York: McGraw-Hill.

Miller, Merle (1974). *Plain Speaking and Oral Biography of Harry S. Truman*. New York: Berkeley Publishing.

Miller, Merle. (1980), *Lyndon: An Oral Biography*. New York: G.P. Putnam's Sons.

MuLuhan, Marshall (1964), *Understanding Media: The Extension of Man*. New York: McGraw-Hill.

Nie, Norman, et al. (1976). *The Changing American Voter*. Cambridge,

Mass.: Harvard University Press.

Nimmo, Dan (1964), *Newsgathering in Washington*. New York: Atherton.

Nimmo, Dan (1970), *The Political Persuaders*. Englewood Cliffs, N.J.: Prentice-Hall.

Nimmo, Dan (1974), Popular Images of Politics. Englewood Cliffs, N.J.: Prent'ce-Hall.

Nimmo, Dan (1978), *Political Communication and Public Opinion in America*. Santa Monica, Calif. Goodyear Publishing.

Nixon, Richard M. (1982) *Leaders*. New York: Warner Books.

Ogden, C. K. and Richards, I. A. (1923), *The Meaning of Meaning*. New York: Harcourt, Brace and World, Inc.

Palmgreen, Philip and Peter Clarke (1977), "Agenda-setting with local and national issues," *Communication Research*. 4:435-452.

Patterson, Thomas & McClure, Robert D. (1976), *The Unseeing Eye: The Myth of Television Power in National Politics*. New York: G. P. Putnam's Sons.

Patterson, Thomas E. (1980), *The Mass Media Election: How Americans Choose Their President*. New York: Praeger.

Pollock, John Crothers. (1981), *The Politics of Crisis Reporting: Learning to be a Foreign Correspondent*. New York: Praeger.

Pool, Ithiel de Sola and Wilbur Schramm (eds.) (1973), *Handbook of Communication*. Ch'cago: Rand McNally.

Pye, Lucian W. (ed.) (1963), *Communication and Political Development*. Princeton: Princeton University Press.

Pye, Lucian L. W., & Verba, Sidney (1965) (eds), *Political Development*. Princeton University Press.

Reardon, Kathleen Kelley. (1982), *Persuasion: Theory and Context*, Beverly Hills, Calif.: Sage Publications.

Renshor, S. A. (1977) (ed.), *Handbook of Political Socialization*. New York: Free Press.

Rivers, William L. and Nyhan, Michael J. (1973). (ed.), *Aspen Notebook on Government and the Media*. New York: Praeger.

Roll, Charles W., Jr. & Cantril, Albert H. (1972), *Polls: Their Use and Misuee in Politics.* New York: Basic Books.

Roloff, Micheal E. and Miller, Gerald R. (1982), *Persuasion: New Directions in Theory and Research.* Beverly Hills, Calif.: Sage Publications.

Roloff, Michael E. (1982), *Interpersonal Communication: The Social Exchange Approach.* Beverly Hills, Calif.: Sage Publications.

Rogers, Everett M. (1962). *The Diffusion of Innovation.* New York: Free Press.

Rogers, Everett M. (1976), "Communication and development: the passing of the dominant paradigm," *Communication Research,* 3: 213–240.

Rogers, Everett M. with L. Svenning (1969), *Modernization Among Peasants: The Impact of Communication.* New York: Holt, Rinehart and Winston.

Rogers, Everett M. and Floyd Shoemaker (1971), *Communication of Innovations.* New York: Free Press.

Rogers, Everett M. (1982), *Communication and Development: Critical Perspectives.* Beverly Hills, Calif.: Sage Publications.

Rosten, Leo (1937). *The Wasington Correspondents.* New York: Harcourt Brace.

Safire, William. (1980), *On Language.* New York: Times Books.

Schelsinger, Arthur M., Jr. (1965), *A Thousand Days: John F. Kennedy in the* White House. Boston: Houghton Mifflin Co.

Schramm, Wilbur. (1964), *Mass Media and National Development.* Stanford: Stanford University Press.

Schramm, Wilbur and Richard F. Carter (1959), "Effectiveness of a political telephone." *Public Opinion Quarterly,* 23:121–126.

Schramm, Wilbur and Roberts, Donald F. (1971) (eds.), *The Process and Effects of Mass Communication,* revised ed. Urbana, Ill.: University of Illinois Press.

Schramm, Wilbur and Lerner, Daniel (1976), *Communication and Change: The Last Ten and the Next.* Honolulu: University press of Hawaii.

Schwartz, D. C. & Schwartz, S. K. (1975) (eds.), *New Directions in*

三民大專用書書目

國父遺教

國父思想	涂子麟	著	中山大學
國父思想	周世輔	著	前政治大學
國父思想新論	周世輔	著	前政治大學
國父思想要義	周世輔	著	前政治大學

法　律

中國憲法新論	薩孟武	著	前臺灣大學
中國憲法論	傅肅良	著	中興大學
中華民國憲法論	管　歐	著	東吳大學
中華民國憲法逐條釋義(一)～(四)	林紀東	著	臺灣大學
比較憲法	鄒文海	著	前政治大學
比較憲法	曾繁康	著	臺灣大學
美國憲法與憲政	荊知仁	著	政治大學
國家賠償法	劉春堂	著	輔仁大學
民法概要	鄭玉波	著	臺灣大學
民法概要	董世芳	著	實踐學院
民法總則	鄭玉波	著	臺灣大學
判解民法總則	劉春堂	著	輔仁大學
民法債編總論	鄭玉波	著	臺灣大學
判解民法債篇通則	劉春堂	著	輔仁大學
民法物權	鄭玉波	著	臺灣大學
判解民法物權	劉春堂	著	輔仁大學
民法親屬新論	黃宗樂等	著	臺灣大學
民法繼承新論	黃宗樂等	著	臺灣大學
商事法論	張國鍵	著	臺灣大學
商事法要論	梁宇賢	著	中興大學
公司法	鄭玉波	著	臺灣大學
公司法論	柯芳枝	著	臺灣大學

書名	著者		服務機關
強制執行法	陳榮宗	著	臺灣大學
法院組織法論	管　歐	著	東吳大學

政治·外交

書名	著者		服務機關
政治學	薩孟武	著	前臺灣大學
政治學	鄒文海	著	前政治大學
政治學	曹伯森	著	陸軍官校
政治學	呂亞力	著	臺灣大學
政治學概要	張金鑑	著	政治大學
政治學方法論	呂亞力	著	臺灣大學
政治理論與研究方法	易君博	著	政治大學
公共政策概論	朱志宏	著	臺灣大學
公共政策	曹俊漢	著	臺灣大學
公共政策	朱志宏	著	臺灣大學
公共關係	王德馨	等著	交通大學
中國社會政治史(一)~(四)	薩孟武	著	前臺灣大學
中國政治思想史	薩孟武	著	前臺灣大學
中國政治思想史（上）（中）（下）	張金鑑	著	政治大學
西洋政治思想史	張金鑑	著	政治大學
西洋政治思想史	薩孟武	著	前臺灣大學
中國政治制度史	張金鑑	著	政治大學
比較主義	張亞澐	著	政治大學
比較監察制度	陶百川	著	國策顧問
歐洲各國政府	張金鑑	著	政治大學
美國政府	張金鑑	著	政治大學
地方自治概要	管　歐	著	東吳大學
國際關係——理論與實踐	朱張碧珠	著	臺灣大學
中美早期外交史	李定一	著	政治大學
現代西洋外交史	楊逢泰	著	政治大學

行政·管理

書名	著者		服務機關
行政學（增訂版）	張潤書	著	政治大學
行政學	左潞生	著	中興大學
行政學新論	張金鑑	著	政治大學

書名	著者		學歷／經歷
系統分析	陳　進	著	前　聖瑪麗大學
社　會			
社會學	蔡文輝	著	印第安那大學
社會學	龍冠海	著	前臺灣大學
社會學	張華葆	主編	東海　印第安那大學
社會學理論	蔡文輝	著	印第安那大學
社會學理論	陳秉璋	著	政治大學
社會心理學	劉安彥	著	傑克遜州立大學
社會心理學	張華葆	著	東海大學
社會心理學	趙淑賢	著	安柏拉校區
社會心理學理論	張華葆	著	東海大學
政治社會學	陳秉璋	著	政治大學
醫療社會學	廖榮利	等著	臺灣大學
組織社會學	張笠雲	著	臺灣大學
人口遷移	廖正宏	著	臺灣大學
社區原理	蔡宏進	著	臺灣大學
人口教育	孫得雄	編著	東海大學
社會階層化與社會流動	許嘉猷	著	臺灣大學
社會階層	張華葆	著	東海大學
西洋社會思想史	張承漢	等著	臺灣大學
中國社會思想史（上）（下）	張承漢	著	臺灣大學
社會變遷	蔡文輝	著	印第安那大學
社會政策與社會行政	陳國鈞	著	中興大學
社會福利行政（修訂版）	白秀雄	著	臺灣大學
社會工作	白秀雄	著	臺灣大學
社會工作管理	廖榮利	著	臺灣大學
團體工作：理論與技術	林萬億	著	臺灣大學
都市社會學理論與應用	龍冠海	著	前臺灣大學
社會科學概論	薩孟武	著	前臺灣大學
文化人類學	陳國鈞	著	中興大學

書名	著者		學校
勞工問題	陳鈞	著	中興大學
少年犯罪心理學	張華葆	著	東海大學
少年犯罪預防及矯治	張華葆	著	東海大學

教　育

書名	著者		學校
教育哲學	賈馥茗	著	師大研究院
教育哲學	葉學志	著	彰化教育學院
普通教學法	方炳林	著	臺灣師大
各國教育制度	雷國鼎	著	臺灣師大
教育心理學	溫世頌	著	傑克州立大學
教育心理學	胡秉正	著	政治大學
教育社會學	陳奎憙	著	臺灣師大
教育行政學	林文達	著	政治大學
教育行政原理	黃昆輝	主譯	臺灣師大
教育經濟學	蓋浙生	著	臺灣師大
教育經濟學	林文達	著	政治大學
工業教育學	袁立錕	著	彰化教育學院
技術職業教育行政與視導	張天津	著	臺灣師大
技職教育測量與評鑑	李大偉	著	臺灣師大
高科技與技職教育	楊啟棟	著	臺灣師大
工業職業技術教育	陳昭雄	著	臺灣師大
技術職業教育教學法	陳昭雄	著	臺灣師大
技術職業教育辭典	楊朝祥	編著	臺灣師大
技術職業教育理論與實務	楊朝祥	著	臺灣師大
工業安全衛生	羅文基	著	臺灣師大
人力發展理論與實施	彭台臨	著	臺灣師大
職業教育師資培育	周談輝	著	臺灣師大
家庭教育	張振宇	著	淡江大學
教育與人生	李建興	著	臺灣師大
當代教育思潮	徐南國	著	臺灣師大
比較國民教育	雷國鼎	著	臺灣師大
中等教育	司琦	著	政治大學
中國教育史	胡美琦	著	文化大學

書名	著者	學歷・服務機關
中國現代教育史	鄭世興 著	臺灣師大
中國大學教育發展史	伍振鷟 著	臺灣師大
中國職業教育發展史	周談輝 著	臺灣師大
社會教育新論	李建興 著	臺灣師大
中國社會教育發展史	李建興 著	臺灣師大
中國國民教育發展史	司琦 著	臺灣政治大學
中國體育發展史	吳文忠 著	政戰學校
如何寫學術論文	宋楚瑜 著	政治大學
論文寫作研究	段家鋒 等	政戰學校

心理學

書名	著者	學歷・服務機關
心理學	劉安彥 著	傑克遜州立大學
心理學	張春興 等著	臺灣師大
人事心理學	黃天中 著	淡江大學
人事心理學	傅中良 著	中興大學

經濟・財政

書名	著者	學歷・服務機關
西洋經濟思想史	林鐘雄 著	臺灣大學
歐洲經濟發展史	林鐘雄 著	臺灣大學
比較經濟制度	孫殿柏 著	政治大學
經濟學原理（增訂新版）	歐陽勛 著	政治大學
經濟學導論	徐育珠 著	南康州立大學
經濟學概要	歐陽勛 等	政治大學
通俗經濟講話	邢慕寰 著	香港大學
經濟學（增訂版）	陸民仁 著	政治大學
經濟學概論	陸民仁 著	政治大學
國際經濟學	白俊男 著	東吳大學
國際經濟學	黃智輝 著	東吳大學
個體經濟學	劉盛男 著	臺北商專
總體經濟分析	趙鳳培 著	西雅圖大學
總體經濟學	鐘甦生 著	政治大學
總體經濟學	張慶輝 著	政治大學
總體經濟理論	孫震 著	臺灣大學

書名	著者	著/譯	學校
會計辭典	龍毓珊	譯	臺灣大學商學院
會計學（上）（下）	幸世間	著	臺灣大學
會計學題解	幸世間	著	淡水工商
成本會計（上）（下）	洪國賜	著	淡水工商
成本會計	盛禮約	著	政治大學
政府會計	李增榮	著	臺灣大學
政府會計	張鴻春	著	臺灣大學
稅務會計	卓敏枝	等著	淡水工商
財務報表分析	洪國賜	等著	中興大學
財務報表分析	李祖培	著	政治大學
財務管理	張春雄	著	政治大學
財務管理（增訂新版）	黃柱權	著	臺灣大學
商用統計學（修訂版）	顏月珠	著	臺灣大學
商用統計學	劉一忠	著	舊金山州立大學
統計學（修訂版）	柴松林	著	政治大學
統計學	劉南溟	著	臺灣大學
統計學	張浩鈞	著	臺灣大學
統計學	楊維哲	著	臺灣大學
統計學	顏月珠	著	臺灣大學
統計學題解	顏月珠	著	臺灣大學
推理統計學	張碧波	著	銘傳商專
應用數理統計學	顏月珠	著	臺灣大學
統計製圖學	宋汝濬	著	臺中商專
統計概念與方法	戴久永	著	臺灣交通大學
審計學	殷文俊	等著	政治大學
商用數學	薛昭雄	著	臺灣大學
商用數學（含商用微積分）	楊維哲	著	臺灣大學
線性代數（修訂版）	謝志雄	著	淡水工商
商用微積分	何維恭	著	臺灣大學
微積分	楊維哲	著	臺灣大學
微積分（上）（下）	楊維哲	著	臺灣大學
大二微積分	楊維	著	臺灣大學

書名	作者		學校
大眾傳播與社會變遷	陳世敏	著	政治大學
組織傳播	鄭瑞城	著	政治大學
政治傳播學	祝基澄	著	政治大學
文化與傳播	汪琪	著	政治大學

歷史·地理

書名	作者		學校
中國通史（上）（下）	林瑞翰	著	臺灣大學
中國現代史	李守孔	著	臺灣大學
中國近代史	李守孔	著	臺灣大學
中國近代史（簡史）	李雲漢	著	政治大學
中國近代史	古鴻廷	著	東海大學
隋唐史	王壽南	著	政治大學
明清史	陳捷先	著	臺灣大學
黃河文明之光	姚大中	著	東吳大學
古代北西中國	姚大中	著	東吳大學
南方的奮起	姚大中	著	東吳大學
中國世界的全盛	姚大中	著	東吳大學
近代中國的成立	姚大中	著	東吳大學
西洋現代史	李邁先	著	臺灣大學
東歐諸國史	李邁先	著	臺灣大學
英國史綱	許介鱗	著	臺灣大學
印度史	吳俊才	著	政治大學
日本史	林明德	著	臺灣師大
日本現代史	許介鱗	著	臺灣大學
近代中日關係史	林明德	著	臺灣師大
美洲地理	林鈞祥	著	臺灣師大
非洲地理	林鈞祥	著	臺灣師大
自然地理學	劉鴻喜	著	臺灣師大
地形學綱要	劉鴻喜	著	臺灣師大
聚落地理學	胡振洲	著	臺灣大學
海事地理學	胡振洲	著	臺灣大學
經濟地理	陳伯中	著	前臺灣大學
都市地理學	陳伯中	著	前臺灣大學

Political Socialization. New York: Free Press.

Sears, David O. (1975), "Political Socialization," in F. I. Greenstein, & Polsby, N. W.(eds.), *Handbook of Political Science: Micropolitical Theory.* (vol. 2), Reading, Mass.: Addison-Wesley.

Shaw, Donald L. and McCombs, Maxwell E. (1977),*The Emergence of American Political Issues: The Agenda-Setting Function of the Press.* St Paul, Minn.: West Publishing.

Sigal, Leon V. (1973), *Reporters and Officials.* Lexington, Mass,: Heath.

Silk, Leonard and Silk, Mark (1980),*The American Establishment.* New York:Basic Books.

Siune, Karen and Ole Borre (1975), "Setting the agenda for a Panish election," Journal of Communication, 25, 1:65-73.

Steel, Ronald. (1981),*Walter Lippmann and the American Century.* New York: Vintage Books.

Stephenson, William (1967), *The Play Theory of Mass Communication,* Chicago: University of Chicago Press.

Swanson, David L. (1978), "Political Communication: A Revisionist View Emerges," *Quarterly Journal of Speech.* vol. 64, pp. 211-232,

Tipps, D. E. (1973), "Modernization theory and the comparative study of societies: a critical perspective," *Comparative Studies in Society and History,* 15:199-226.

Tunstall, jeremy (1971), *The Wastminster Lobby Correspondents.* London: Routledge & Kegan Paul.

Weiss, Ualter (1969), "Effects of the mass media of communication," in Gardner Lindzey and Elliot Aronson (eds.), *Handbook of Social Psychology, Readings,* Mass.: Addison-Wesley.

White, David M. (1950), "The Gatekeeper: A Case Study of the Selection of News," *Journalism Quarterly.* vol, 27, pp. 383-390.

White, Theodore H. (1961), *The Making of the President 1960,.* New York: Pocket Books.

Yu, Frederick T. C. (1964), *Mass Persuasion in Communist China,* New York: Praeger.